商贸汉
Busines

商务口语流利说
Speak Business Chinese Fluently

辛玉彤 编著

华语教学出版社
SINOLINGUA

First Edition 2013

ISBN 978-7-5138-0314-4
Copyright 2013 by Sinolingua Co., Ltd.
Published by Sinolingua Co., Ltd.
24 Baiwanzhuang Road, Beijing 100037, China
Tel: (86) 10-68320585 68997826
Fax: (86) 10-68997826 68326333
http://www.sinolingua.com.cn
E-mail: hyjx@sinolingua.com.cn
Facebook: www.facebook.com/sinolingua
Printed by Beijing Mixing Printing Co., Ltd.

Printed in the People's Republic of China

　　对于汉语已经达到中高级水平的外国学习者而言，在日常生活中与中国人打交道并不算困难。可是一旦要与中国人进行商务、贸易交流，特别是跟中国同行、同事或客户探讨一些专业性较强的商务话题或是参加某些比较正式的商务活动时，可能就会觉得有些力不从心、词不达意了。有时自以为对方明白自己的意思了，却由于表达含糊引起误会；或是在特定场合用词不当，令对方感觉失礼。沟通不良不仅会使学习者产生挫败感，更会直接导致工作失误。本书正是为那些希望了解中国人的商务活动特点，提高自己商务汉语口语表达能力的外国朋友编写的。

　　商务口语与生活口语差别很大，从语体风格到词汇选用，以及谈话内容，如果没有经过系统学习和实践，的确很难胜任。因此本书选取了商务活动中的常见场景和相关背景资料，让学习者在尽可能真实的场景下进行操练。选材努力做到全面、新颖，语言力求生动活泼，内容则以丰富、实用为准，竭力为外国朋友提供真实、生动、实用的高级商务口语资料和商务词汇，同时藉此介绍中国公司的商务活动环境及相关话语策略，提高外国朋友与中国人进行商务交流的技能。

　　本书与其他高级商务汉语口语教材相比，有以下几个较显著的特点：

　　本书最大的特色是，教材尝试以"任务型"教与学思路为主导，每课围绕一个商务主题，在给出相关信息资料后，建议学习者先根据文中提出的任务和要求进行场景模拟和口语表达尝试（对话为主，辅以少量独白表达），完成后再对照范例进行分析和评判，借以找出差距与不足，也促使学习者能够充分发挥自身的能动性和创造力，避免了直接学习范例后先入为主的被动学习方式。

　　其次，本教材每课都会在开头部分围绕主题罗列出相关的常用表达短语、短句和一些固定搭配，为学习者完成任务提供方便、实用的语块，熟记这些也可以增强学习者在特定背景下的语感。在每篇范例之后，都会有针对此范例的话语策略分析，帮助学习者归纳和总结不同场景中不同身份话语者的表达策略和方式，提高与中国人进行商务交流的应对能力。

另外，多数商务口语教材的内容多为零散篇目的集合，每课之间没有必然联系，内容上缺少一定的系统性和完整性，对学习者来说会感觉欠缺趣味性和吸引力。本教材是通过一家中国外贸食品公司的各种商务活动展开内容的，由几个主要人物的商务活动贯穿全书，每课展现一个商务场景或商务事件，由于其中不同身份的人物背景、职务、个性不同，他们的表达方式、行为举止也存在不少差异，随着他们的相互联系和商务活动往来，学习者可以了解中国公司内部及对外交流的商务活动运作环境、商务往来礼仪，同时也增强了课文的连续性和可读性，进而激发学习者的学习兴趣。

教材共包括十五课正式课文，每五课依照商务活动类型归为一个单元，每课有一个商务场景主题，围绕这个主题展开为"热身话题及常用表达"、"相关背景资料"、"任务及要求"、"范例及话语分析"、"词汇"、"练习"几部分。

"热身话题"的主要作用是引出每课的主题，引导学习者对要学习的主题先进行思考和讨论。"常用表达"部分是学习者完成表达任务的重要语料依据，应着重理解、体会不同表达适用的场合、对象，最好能够熟练掌握。

"相关背景资料"给学习者提供了与商务主题有关的资料和背景介绍。

"任务及要求"为学习者给出了具体的口语表达练习要求。在完成表达任务时，应尽量多地运用本课提供的常用表达短语和句式，多练多用必然能够达到熟练掌握的程度，这样，在以后的真实商务活动中也就能出口成章、运用自如了。对于初次接触这种"任务型"学习方式的学习者来说，开始的时候也许会有些困难，需要教师多多引导和鼓励，如果是班级教学，建议教师将不同国别、性别、性格和汉语水平层次的学习者分组搭配，组内成员之间按角色需要进行分工，各组之间还可以互相学习、竞赛，表达任务完成后，教师应及时进行总结、分析和纠误，这样每次表达完成后，学习者都会感觉有所收获。

"范例及话语分析"的主要作用是为学习者提供一个比较和借鉴的材料，并不是表达任务的标准答案，教师可以引导学习者对范例的某些感兴趣的内容进行探讨和思考。

每课的生词并不多，编者尽可能提供一些熟语或常用成语，帮助学习者了解特定场合下的得体表达。

　　练习题的种类、层次力求丰富，以便学习者能够充分学透每课的内容，并有足够的实践练习。其中，词汇、句子、语篇练习等可以留作课后作业。案例分析需要学习者在充分理解本课内容的基础上，对案例认真思考和分析，得出自己的看法与意见。如果时间允许的话，建议最好能够将学习者分组进行讨论，并选出代表发言。此题着重考查学习者分析问题、解决问题的能力，培养合作工作的习惯及独立口头表达的能力。

　　本教材是一本中、高级层次的商务汉语口语教材，为经贸专业本科三年级留学生所使用，词汇、范例、练习难度适中。在教学安排上，建议课时为每周4课时（按每学期16教学周计算），每课大概需要4课时完成讲练。随书附赠的MP3中含有每课"常用表达"及"范例"的标准普通话录音，可帮助学生更准确地进行口语交际。

　　本教材的编写尝试了"任务型"教与学的思路，由于可借鉴的同类教材、资料较少，在编写思路和文本内容上必定存在许多不足之处。希望这本不够成熟的实验性教材能作为引玉之砖，得到各位前辈、同行以及外国留学生朋友的批评指教。

辛玉彤

2011 年 11 月

本书出场人物表

华宇食品贸易公司

总经理：李响（法籍华人）

总经理助理：赵明亮

人力资源主管：齐亚男

销售部经理：陈志平

销售部职员：方可欣，金秀英，马丁·佩雷斯（西班牙）

财务部会计主管：白雪梅

财务部会计师：高飞（法）

华宇食品厂

生产监理：王京生

合作客户

美国利达贸易公司市场部经理：杰克·威尔森（Jack Wilson）；职员：凯莉·史密斯（Carrie Smith）

日本友多贸易公司销售部课长：村下志

其他人物

郊区某希望小学马校长

电视台记者

目　录

参加展销会——吸引客户、商品推介

热身话题

● 你参加过展销会吗？ 参加过哪类展销会？

● 你在中国参加过哪些展销会？

● 请你设想一下，如果你是一家公司的职员，当你参展时，该怎样吸引客户并且推销自己的商品？

招揽顾客与推介商品的表达

招揽顾客：＊欢迎各位光临本展位！

＊欢迎您到我们公司展位来！

＊我公司热忱期待您的光临！

＊希望您抽时间了解一下我们公司……

＊这里有精彩的……产品试用（品尝）推广活动，期待您的参与！

＊本展位有丰富的产品推介、真诚的合作意愿，随时恭候您的惠顾！

推介产品：＊您好！请允许我为您介绍本公司最新款的产品……

＊您现在所看到的是我公司本年度最畅销产品……

＊这款产品不仅功能多，而且外观新颖，价格也实惠……

＊我们现在有一个针对新品的试用活动，您有兴趣吗？

＊能告诉我您的需求吗？我们可以根据您的要求……

任务

华宇食品进出口公司的销售部经理陈志平带领下属方可欣和金秀英参加广交会。在展会上，三人热情地招揽客户，积极向客户进行产品推介，结交了美国利达公司的新客户杰克，双方初步达成了合作意向。

要求

杰克是初次结识的新客户，设计对话时请根据双方的关系，如：参展方如何吸引客户的关注，如何尽力推介自己公司的产品等，选用适合的词语及表达方式。

相关背景资料

广交会：中国进出口商品交易会，俗称广交会，创办于1957年春季，每年春、秋两季在中国广州举办，每届三期，每期五天。广交会至今已有五十余年历史，是中国目前历史最长、层次最高、规模最大、商品种类最全、到会客商最多、成交效果最好的综合性国际贸易盛会。自2007年4月起，广交会更名为"中国进出口商品交易会"。广交会以出口贸易为主，也做进口生意，还可以开展多种形式的经济技术合作与交流，以及商检、保险、运输、广告等业务活动。来自世界各地的客商云集广州，互通商情，增进友谊。

范例

（广交会上，华宇食品进出口公司的展位前，销售部职员金秀英负责客户信息收集和资料发放，经理陈志平和职员方可欣负责与客户深入交流和洽谈。）

金秀英：先生您好！欢迎光临我公司展位！

杰克：你好！

金秀英：我们正在进行新产品免费品尝活动，如果您有兴趣的话，请先在这儿留下您的姓名及联系方式，稍后会有我公司的工作人员为您介绍。

杰克：哦，好的。（在表格中填写客户信息资料）

（陈志平和方可欣走过来）

陈志平：先生，您好！我是华宇食品进出口公司销售部经理，我叫陈志平，这位是我的同事方可欣。

杰克：你们好！我叫杰克·威尔森，我是美国利达贸易公司的市场部经理。

方可欣：很荣幸认识您！请允许我占用您几分钟介绍一下我们公司的新产品。

杰克：非常乐意。

……

方可欣：威尔森先生，您品尝后感觉怎么样？

杰克：你们的这个产品确实味道独特，清香酥脆，我个人很喜欢。

陈志平：谢谢。这款产品的特点就是口味清淡、入口即化，低盐、低糖、低脂，适合各年龄层的顾客。

杰克：这次我就是来寻找这类新口味茶点的。我是否可以先带回去一些样品，跟公司同事商讨一下？

陈志平：没问题！小方，快给威尔森先生准备一份样品和宣传资料！威尔森先生，我们就静候佳音了，希望双方能有进一步的合作。

杰克：谢谢陈经理！看来我们的愿望不谋而合啊。

方可欣：威尔森先生，您慢走！后会有期！

杰克：谢谢方小姐，再见！

范例话语分析

参展方的招揽、推介策略

*向对方表示欢迎——欢迎光临我公司展位！

很荣幸认识您！

*吸引顾客注意——我们正在进行新产品免费品尝活动，如果您有兴趣的话，请先在这儿留下您的姓名及联系方式，稍后会有我公司的工作人员为您介绍。

请允许我占用您几分钟介绍一下我们公司的新产品。

*询问客人的感受——您品尝后感觉怎么样？

> * 表明对未来合作的期望——我们就静候佳音了，希望双方能有进一步的合作。
>
> 后会有期！
>
> 观展方回应策略
>
> * 愿意了解对方的产品情况——非常乐意！
>
> * 交换对产品的看法——这个产品确实味道独特，清香酥脆，我个人很喜欢。
>
> * 索取样品和资料——我是否可以先带回去一些样品，跟公司同事商讨一下？
>
> * 表达合作的愿望——看来我们的愿望不谋而合啊。

 请同学们联系自己设计的对话，与范例进行比较，谈谈参加展会时不同人物角色的话语策略各有什么特点。

词汇

1.	展位	zhǎnwèi	名词	在展览（展销）会上的位置
2.	热忱	rèchén	形容词	热情慷慨、真诚努力的
3.	推广	tuīguǎng	动词	将观念、产品等加以推行，扩大影响及使用范围等
4.	推介	tuījiè	动词	推荐并介绍
5.	恭候	gōnghòu	动词	〈敬语〉恭敬地等候
6.	惠顾	huìgù	动词	〈敬语〉指他人（通常为客户）光临
7.	畅销	chàngxiāo	形容词	（产品）销路好，卖得快
8.	新颖	xīnyǐng	形容词	新鲜、特别的，与众不同的
9.	实惠	shíhuì	形容词	有实际的好处
10.	下属	xiàshǔ	名词	在自己手下工作的人，下级
11.	招揽	zhāolǎn	动词	招引客人前来
12.	结交	jiéjiāo	动词	结识并交往
13.	洽谈	qiàtán	动词	接洽商谈，一般指在商业活动中交易双方的交谈

14. 不谋而合　bùmóu'érhé　　　事先没有商量过，意见或行动却完全一致
15. 后会有期　hòuhuì-yǒuqī　　　以后有见面的时候（用在较长时间分别时）

练习

一、词汇练习

1. 用自己的话解释下列词语并造句

（1）入口即化：

（2）静候佳音：

（3）不谋而合：

（4）后会有期：

2. 在下列词语后的横线上填出适当的词

深入_____　　　收集_____　　　发放_____　　　占用_____

二、句子练习

1. 请将下列词语组成句子

（1）活动　正在　我们　新　品尝　免费　产品　进行

（2）我　允许　介绍　新　几分钟　占用　请　一下　我们公司　您　的　产品

（3）来　我　寻找　就是　新　这类　这次　茶点　的　口味

（4）进一步　希望　的　双方　能　合作　有

2.请完成下列对话

（1）A：你们好！我叫杰克·威尔森，我是美国利达贸易公司的市场部经理。

　　　B：_____。

（2）A：请允许我占用您几分钟介绍一下我们公司的新产品。

　　　B：_____。

（3）A：您品尝后感觉怎么样？

　　　　B：_____。

（4）A：_____？

　　　　B：没问题。我这就给您准备一份样品和我们公司的产品介绍资料。

（5）A：_____。

　　　　B：谢谢。看来我们的愿望不谋而合啊。

三、范例理解

1.请根据范例内容判断下列句子的正误

（　　）（1）杰克是华宇公司的老客户。

（　　）（2）陈志平和方可欣是华宇公司销售部经理。

（　　）（3）方可欣负责客户信息收集和资料发放。

（　　）（4）杰克公司的新产品很受欢迎。

（　　）（5）利达公司和华宇公司以后可能会有进一步的合作。

2. 根据本课内容思考并回答问题

（1）作为参展方的接待员，应该怎样去招揽客户？

（2）在陌生的客户面前，应该如何吸引客户的关注，并推介自己的产品？

（3）当客户表现出兴趣时，参展方该怎么做？

四、语篇练习

　　同学们两两分组，熟读范例，先由 A 方用自己的话将范例中的对话向 B 方复述一遍；B 方听后，对听到的内容提出至少三个问题，请 A 方回答。然后再交换练习。小组练习后，老师进行抽查。

五、案例分析

案例 1.

某多媒体公司在一些书店、软件店开有专柜——软件是摆在花车里售卖的。每当顾客经过花车时，就会发现车上摆放的软件花花绿绿的很是吸引人，与书店里图书音像制品的井井有条形成鲜明对比。许多人都会不解地问："怎么不排整齐呢？"回答是："这样才会吸引人，让人产生随意感。"

案例 2.

麦当劳刚进入某市时，生意并没有今天这么火爆。为了在该市站住脚，麦当劳在孩子身上下足了本钱：推出儿童套餐、赠送玩具、赠送优惠券；举办各类活动；让前来就餐的孩子学儿童舞蹈、歌谣；店内设儿童玩乐设施等。这样做的结果是：在当地青少年心中扎下麦当劳的"根"，使他们终生难忘，成为永远的热心顾客。

请同学们分组讨论，谈谈自己对这两个案例中招揽顾客方式的看法，请试着再补充些类似的例子。

第2课

接待客户——寒暄、问候

热身话题

● 当你去机场、车站接朋友时，会怎样与他们互相问候？

● 请你设想一下，如果你是一家公司的职员，当你去接客户时，该怎样问候他们？

寒暄与问候的表达

初次见面：*久仰大名。

*幸会！

*欢迎您到……来！

*仰慕已久。

*不胜荣幸。

*请多指教。

*请允许我先自我介绍一下……

*我谨代表本公司总经理热烈欢迎诸位远道而来的朋友。

对熟人、朋友：*你可是稀客！

*有朋自远方来，不亦乐乎？

*哪阵风把你给吹来了？

*多日不见，别来无恙？

任 务

销售部经理陈志平和职员方可欣要去机场接美国来的客户杰克与凯莉，这是他们在上次展销会上新结识的客户。请为他们设计一个见面问候、寒暄的对话。

要 求

1. 陈志平和方可欣与杰克见过一面，而与凯莉是初次见面。请注意不同人物的用词与表达。

2. 设计对话时请考虑双方的关系。如：客户之间、上下级之间等选用适合的词语及表达方式。

相关背景资料

1. 到机场接机的注意事项

（1）记清要接的航班名称、班次、起飞地、起飞时间、正点到达时间。

如：中国国际航空公司 CA984 21：00 洛杉矶起飞，16：30 正点到达首都机场。

（2）需提前 30 分钟～60 分钟到机场。

（3）到达机场后，按照电子显示屏滚动播出的到港信息，找到正确接机口即可。

2. 对中国客户的称呼，可在姓氏后加上：

（1）行政职务，如王经理、张主任、李局长等；

（2）技术职称，如赵教授、何高工、方院士等；

（3）行业称呼，如于大夫、陈老师、高师傅等；

（4）国际通用称呼，如董先生、刘小姐、王女士等。

初次见面，应避免直接称呼中国人的名，尤其是女性。如：对方可欣，在不熟悉的情况下，尽量不要称呼对方为"可欣"，以免显得过于亲密。

✎ 范 例

（首都机场 T3 航站楼国际出口处，方可欣高举写有 Jack Wilson 和 Carrie Smith 的迎宾牌）

方可欣：经理，你看，那位正往咱们牌子上看的外宾就是杰克吧。

陈志平：没错，就是他们。快过去！

陈志平：威尔森先生，您好啊！您远道而来，辛苦啦。

杰克：嗨，陈经理你好！再次踏上中国的土地，还是非常兴奋啊。

方可欣：威尔森先生，您好！非常高兴与您再次见面！还记得我吗？上次在广交会上，我们见过一面。我是方可欣。

杰克：当然记得。方小姐你好！又见面了，看起来你们都很好！既然我们已经认识了，就叫我杰克吧。介绍一下，这位是我的同事凯莉·史密斯。凯莉，这位是陈经理，这位是方小姐。

陈志平：史密斯小姐，您好！欢迎您！

方可欣：史密斯小姐，您好！认识您很荣幸。

凯莉：陈经理好！方小姐好！初次见面，以后还请多关照。

陈志平：想不到史密斯小姐的汉语说得也这么好啊。

凯莉：您过奖了。我还差得远哪。

方可欣：史密斯小姐太谦虚了。

陈志平：怎么样，路上还顺利吗？

杰克：非常顺利。两边天气都好极了，好像老天爷心情也不错，很照顾我们。

陈志平：哈哈，说得好！老天一定是被我们两个公司的诚意感动了。相信你一定不虚此行。

杰克：那我们就拭目以待吧。哈哈。

方可欣：两位，我们的司机已经到了，请跟我来吧。

陈志平：两位行李沉不沉，可以让我代劳吗？

杰克：谢谢。我的行李不多。

凯莉：您太客气啦。我自己可以，谢谢。

范例话语分析

接待方的寒暄策略

* 向对方表示欢迎——您远道而来，辛苦啦！

认识您很荣幸！

* 对再次见面表示高兴——非常高兴与您再次见面！

* 询问客人的感受——怎么样，路上还顺利吗？

* 表明对客人来访的期望——老天一定被我们两个公司的诚意感动了。相信你一定不虚此行。

客人的回应策略

* 对见面表示高兴——又见面了，看起来你们都很好！

初次见面，以后还请多关照！

* 介绍自己的同事——介绍一下，这位是我的同事凯莉。凯莉，这位是陈经理，这位是小方。

* 谈论旅途情况——非常顺利。两边天气都好极了，好像老天爷心情也不错，很照顾我们。

* 表达对来访的期待——那我们就拭目以待吧。

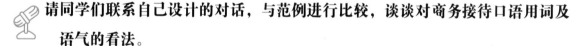 **请同学们联系自己设计的对话，与范例进行比较，谈谈对商务接待口语用词及语气的看法。**

词汇

1.	仰慕	yǎngmù	动词	敬仰、思慕；形容怀着尊敬的心情渴望与之接触、交流
2.	不胜……	bú shèng...		常与"荣幸"、"感激"、"欣慰"等词语搭配，表示非常强烈的情绪
3.	远道而来	yuǎndào'érlái		从远方来

4.	迎宾	yíng bīn		迎接宾客
5.	外宾	wàibīn	名词	外国宾客
6.	兴奋	xīngfèn	形容词	精神振奋，情绪激动
7.	关照	guānzhào	动词	关心和照顾
8.	过奖	guòjiǎng	动词	〈谦词〉（别人对自己）过分夸奖
9.	谦虚	qiānxū	形容词	虚心，不自满
10.	老天爷	lǎotiānyé	名词	〈口语〉上天；有时表示惊叹
11.	诚意	chéngyì	名词	真诚的心意
12.	感动	gǎndòng	动词	受……影响而产生同情、支持等反应
13.	不虚此行	bùxūcǐxíng		没有白跑这一趟，指某种行动有收获
14.	拭目以待	shìmùyǐdài		擦亮眼睛等着瞧，形容期望很迫切，也表示确信某件事情一定会出现
15.	代劳	dàiláo	动词	请人替自己办事，或自己代替别人办事

练习

一、词汇练习

1. 用自己的话解释下列词语并造句

（1）远道而来：

（2）不虚此行：

（3）拭目以待：

（4）代劳：

2. 在下列词语后的横线上填出适当的词

接待_____　　　　非常_____　　　　介绍_____

二、句子练习

1. 请将下列词语组成句子

（1）踏　还是　中国　非常　土地　啊　兴奋　再次　上　的

（2）远　过奖　我　差　得　还　哪　您　了

（3）请　初次　以后　见面　多　还　关照

（4）一定　被　我们　老天　了　两个　是　公司　诚意　的　打动

2. 请完成下列对话

（1）A：威尔森先生，您远道而来，辛苦啦！

　　　B：＿＿＿＿＿＿＿＿＿＿＿＿＿＿＿＿＿＿＿＿＿＿。

（2）A：非常高兴与您再次见面！还记得我吗？

　　　B：＿＿＿＿＿＿＿＿＿＿＿＿＿＿＿＿＿＿＿＿＿＿。

（3）A：想不到您的汉语说得也这么好啊。

　　　B：＿＿＿＿＿＿＿＿＿＿＿＿＿＿＿＿＿＿＿＿＿＿。

（4）A：＿＿＿＿＿＿＿＿＿＿＿＿＿＿＿＿＿＿＿＿＿＿？

　　　B：谢谢。旅途非常顺利。

（5）A：＿＿＿＿＿＿＿＿＿＿＿＿＿＿＿＿＿＿＿＿＿＿？

　　　B：谢谢。我的行李不多。

三、范例理解

1. 请根据范例内容判断下列句子的正误

（　　）（1）杰克不认识方可欣。

（　　）（2）杰克跟陈志平在展销会上见过几次。

（　　）（3）凯莉是杰克的同事。

（　　）（4）凯莉的汉语说得很好。

（　　）（5）陈志平和方可欣接杰克和凯莉坐出租车。

2. 根据本课内容思考并回答问题

（1）如果你去接一个从未见过的客户，应该如何与客户打招呼？

（2）在陌生的客户面前，如何自我介绍，并介绍自己的同事？

（3）你们国家的商务接待与中国有什么相同与不同之处？

四、语篇练习

同学们两两分组，熟读范例，先由 A 方用自己的话将范例中的接待工作向 B 方讲述一遍；B 方听后，对听到的内容提出至少三个问题，请 A 方回答。然后再交换练习。小组练习后，老师进行抽查。

五、小知识

商务来访与接待的礼仪

接待是很多企业员工经常要做的工作。在接待中的礼仪表现，不仅关系到自己的形象，还关系到企业的形象。以下有几点需要注意：

1. 对来访者应起身握手迎接。

2. 认真倾听来访者的意见和目的。

3. 对来访者的意见和观点不要轻率表态，对一时不能回答的问题，要约定一个时间后再答复。

4. 对来访者的无理要求或错误意见，应有礼貌地拒绝。

5. 要结束接待，可以婉言提出借口，也可用起身送客的体态语言暗示对方本次接待就此结束。

宴请——欢迎、赞扬、感谢

热身话题

● 你参加过商务宴请吗？商务宴请与朋友间的宴请有哪些不同？

● 你听过商务宴请时的致辞吗？致辞的用词跟口语差别大吗？

宴请致辞的表达

欢迎辞： *有朋自远方来，不亦乐乎？

*欢迎您到……来。

*不胜荣幸。

*贵客到来，蓬荜生辉。

*我谨代表……热烈欢迎远道而来的朋友！

祝酒辞： *让我们为……干杯！

*我提议，为……干杯！

*请各位举杯共同祝愿……！

致谢辞： *受到贵公司的热情接待，我万分荣幸！

*贵公司如此热情待客，使我们有宾至如归的感觉。

*我们被贵公司的诚意深深感动。

任务

华宇公司的总经理李响带领销售部的众职员在酒店宴请美国来的客户杰克与凯莉。请为李响设计一个欢迎辞（祝酒辞），表达对美国客户的欢迎和对未来双方合作的美好愿望。再为美国客户杰克设计一个致谢辞，表达对主人的感谢之情。

要 求

1. 李响是华宇公司的总经理。设计欢迎辞时，请注意使用符合其身份的用词与表达。

2. 杰克是带着合作愿望前来的客户，在致谢辞中应表达出他期待合作的心情。

相关背景资料

1. 商务宴请座位安排

（1）座位的礼仪：一般的宴会，除自助餐、茶会及酒会外，主人必须安排客人的席次。不能以随便坐的方式，引起主客及其他客人的不满。礼宾次序是安排座位的主要依据。中国习惯按客人本身的职务排列，以便谈话。如夫人出席，通常把女方安排在一起，即主宾坐在男主人右上方，其夫人坐在女主人右上方。通常主人坐在面向餐厅正门的位置；两桌以上的宴会，其他各桌第一主人的位置与主人在主桌上的位置同向，也可以把面对主桌的位置作为主位。

（2）桌次的顺序：一般家庭的宴会，只有一张圆桌，没有桌次顺序的区分。但如果宴会设在饭店或礼堂，有两桌或两桌以上时，则必须定其主次。主桌通常设于宴会厅正中或显著位置，以右旁为大，左旁为小。如场地排有三桌，则以中间为大，右旁次之，左旁为小。桌次的高低以离主桌位置远近而定。

恰当的桌次和座位的安排既能显示主客的地位，又能表达出对客人的尊敬，将会使宴请取得较好的效果。

2. 商务宴请致辞格式

（1）标题（可省略）；

（2）称谓；

（3）正文：致辞人（或代表谁）在什么情况下，向出席者表示欢迎、感谢和问候，谈成绩、作用、意义，联系面临的任务、使命展望未来；

（4）结尾常用"请允许我，为……而干杯"。

范例

（海天大酒店宴会厅里，华宇公司总经理李响带着销售部经理陈志平及众职员，宴请美国来的客户杰克和凯莉。）

（众人鼓掌欢迎李响致欢迎辞。）

李响：尊敬的美国贵宾杰克·威尔森先生、凯莉·史密斯小姐，各位公司同事，大家晚上好！今天我们共聚一堂，热烈欢迎远道而来的贵客，心情非常兴奋。两位贵客来自美国利达食品贸易公司，贵公司在美国同业中向来是佼佼者，我们仰慕已久；我公司虽然在美国也有贸易活动，但苦于一直没有结识的机会，这次参加广交会成为一个很好的契机。听陈经理说，贵公司对我公司新推出的产品很感兴趣，我们感到非常荣幸。希望两位贵宾的到访成为我们双方今后合作的良好开端！现在请大家共同举杯，为双方未来的合作前景干杯！

（众人鼓掌欢迎杰克致感谢辞。）

杰克：感谢尊敬的李响总经理，感谢华宇公司销售部的陈志平经理以及在座各位的热情款待！刚才李总对我们公司的赞扬真是过奖了。在美国同行业里，我们还远算不上是佼佼者，但是我们一直朝着这个方向在努力。最近几年我们公司的贸易业务增长很快，与亚洲国家，尤其是与中国的贸易往来更是发展迅速。公司对这种势头非常看好。这次我们怀着合作的意愿来到这里，受到贵公司如此重视，令我们深受感动。贵公司在中国的食品外贸公司中大名鼎鼎，希望今后双方顺利合作，实现共赢！在此，我提议让我们为今后的愉快合作干杯！

范例话语分析

欢迎的策略

*表达欢迎客人的心情——今天我们共聚一堂，热烈欢迎远道而来的贵客，心情非常兴奋。

*赞扬、肯定客人——贵公司在美国同业中向来是佼佼者，我们仰慕已久！

*表达良好愿望——希望两位贵宾的到访成为我们双方今后合作的良好开端！

*祝酒——现在请大家共同举杯，为双方未来的合作前景干杯！

致谢的策略

*感谢主人的款待——感谢尊敬的李响总经理，感谢华宇公司销售部的陈志平经理以及在座各位的热情款待！

*对主人的赞扬表示谦虚——刚才李总的对我们公司的赞扬真是过奖了。在美国同行业里，我们还远算不上是佼佼者，但是我们一直朝着这个方向在努力。

*称赞对方——贵公司在中国的食品外贸公司中大名鼎鼎……

*表达良好愿望——希望今后双方顺利合作，实现共赢！

*祝酒——在此，我提议让我们为今后的愉快合作干杯！

 请同学们联系自己设计的对话，与范例进行比较，谈谈商务宴请口语用词与日常口语的区别。试想一下，如果是宴请朋友时，主人和客人分别会怎么说？

词 汇

1.	欢迎辞 huānyíngcí	名词	指客人光临时，主人为表示热烈的欢迎，在座谈会、宴会、酒会等场合发表的热情友好的讲话

2.	蓬荜生辉	péngbìshēnghuī		〈谦词〉使寒门增添光辉（多用做宾客来到家里，或接受他人赠送的可以张挂的字画等物时的客套话）
3.	提议	tíyì	动词	提出意见或建议
4.	致谢辞	zhìxiècí	名词	表达感谢之情的讲话
5.	宾至如归	bīnzhìrúguī		客人到这里就像回到自己家里一样，形容招待客人热情周到
6.	佼佼者	jiǎojiǎozhě	名词	优秀、突出的人物
7.	苦于	kǔyú	动词	为某种情况所苦恼
8.	契机	qìjī	名词	（有重要作用的）机会
9.	开端	kāiduān	名词	开始，事情的起头
10.	前景	qiánjǐng	名词	将要出现的景象和情形
11.	款待	kuǎndài	动词	用食物、礼品、表演等热情接待客人
12.	大名鼎鼎	dàmíngdǐngdǐng		形容（人或事物）名气很大
13.	共赢	gòngyíng	动词	指合作的双方或多方能够共同获得利益

练习

一、词汇练习

1. 用自己的话解释下列词语并造句

（1）蓬荜生辉：

（2）宾至如归：

（3）佼佼者：

（4）大名鼎鼎：

2. 在下列词语后的横线上填出适当的词

表达_____   仰慕_____   大名_____

热情_____   共聚_____

二、句子练习

1. 请将下列词语组成句子

(1) 在 算不上是 同 我们 里 行业 远 美国 还 佼佼者

(2) 这 怀着 次 我们 的 这里 合作 来 意愿 到

(3) 我 干杯 让 我们 合作 今后 的 为 提议愉快

(4) 今天 我们 共聚 热烈 一堂 远道 而来 兴奋 的 欢迎 非常
　　贵客 心情

2. 请完成下列句子

(1) 我公司虽然在美国也有贸易活动，_____。

(2) 听说贵公司对我公司新推出的产品很感兴趣，_____。

(3) 最近几年_____，在亚洲尤其是与中国的贸易往来更是发
　　展迅速。

(4) 希望两位贵宾的到访_____！

(5) 现在请大家共同举杯，_____！

三、范例理解

1. 请根据范例内容判断下列句子的正误

(　)(1) 陈志平是李响的经理。

(　)(2) 李响不太清楚杰克公司的事情。

(　)(3) 华宇公司是个很有名的外贸食品公司。

(　)(4) 两家公司都有合作的愿望。

(　)(5) 欢迎辞和致谢辞都由主办方发表。

2. 根据本课内容思考并回答问题

（1）商务宴请上的欢迎辞一般有哪些内容？

（2）发表致谢辞时需要注意什么？

（3）你们国家的商务宴请礼仪与中国有什么相同与不同之处？

四、语篇练习

同学们两两分组，熟读范例，A、B双方分别饰演主人和客人，发表欢迎辞和致谢辞；然后再交换练习。小组练习后，老师进行抽查。

五、实战演练

ECK工程公司与中国某市签订了修建地铁三号线的合同。在ECK公司举办的庆祝酒会上，该公司总经理汤姆·乔恩斯和某市李建强副市长分别发表了祝酒辞和致谢辞。请同学们以组为单位为他们拟出发言稿，并在全班表演，最后评出优胜组。

第4课

安排参观——企业介绍、自我展示

热身话题

- 你参观过工厂或公司吗？当时引导人是怎么介绍的？
- 你带领别人参观过自己的公司吗？介绍时有什么要注意的？
- 请你设想一下，如果你代表公司安排参观，需要做些什么？

介绍和参观的表达

介绍者：　* 欢迎大家来到……，今天由我来带你们参观。

　　　　　* 我很乐于解答你们的问题。

　　　　　* 在我们参观期间，请随时提问。

　　　　　* 这次参观大约需要……时间。

　　　　　* 请大家跟我走，我们先去参观……

　　　　　* 这里是主要生产车间，大部分生产在此完成。

　　　　　* 现在我们去下一个车间看看……

　　　　　* 我想给各位展示一下……

　　　　　* 您将会看到……

参观者：　* 我们盼着参观你们的工厂。

　　　　　* 多长时间能参观完？

　　　　　* 年（月）产量是多少？

　　　　　* 合格率通常是多少？

　　　　　* 谢谢您陪同我参观工厂。

　　　　　* 你们的工厂真是让人印象深刻啊！

🔍 任 务

华宇公司的销售部经理陈志平带领美国来的杰克和凯莉参观他们的食品加工厂。

🔍 要 求

1. 陈志平利用这个机会向美国客人介绍自己的特色产品，并充分展示本公司的竞争力。

2. 杰克是带着合作愿望前来的客户，在参观时非常认真地询问和了解对方情况。

相关背景资料

参观工厂的注意事项：

1. 如参观有一定安全风险的工厂、工地，为了保证绝对安全，参观者必须同生产人员一样戴上防护设备（工程帽、护目镜等）。

2. 如参观食品工厂，最好请参观者将身上佩戴的首饰等全部取下并妥善保存。因为如不小心将其遗留在生产线上，就会导致很严重的后果。有些工厂在指定的区域要求参观者脱去自己的鞋子，换上干净的袜子和无菌鞋，并给双手消毒，才能进入生产车间。

3. 参观者应严格遵守工厂的生产规定，注意参观时间和参观流程。

📖 范 例

（华宇公司销售部经理陈志平和食品厂生产监理王京生欢迎美国客人杰克和凯莉前来参观。）

陈志平：杰克、凯莉，欢迎欢迎！介绍一下：这是我们食品厂的生产监理王京生工程师，可以叫他王工。王工，这两位就是我们的美国客人杰克·威尔森先生和凯莉·史密斯小姐。

杰克：王工你好！叫我杰克就行了。

凯莉：王工好！叫我凯莉吧。

王京生：欢迎两位远道而来的贵客来我们厂参观！请跟我来。

（四人来到生产区门前）

王京生：从这个大门进去就是我们的主要生产区了。从这里开始参观大概需要半个小时。参观时对于产品生产方面的问题请随时提问，我很乐于回答。

杰克：好的。谢谢！

凯莉：请问，这个有很多小格子的柜子是做什么用的？

王京生：因为我们厂非常重视食品的卫生和生产的安全，所以每个进入生产区的人员都要先取下身上佩戴的首饰。也请三位先把首饰取下，放进小格子里锁好，拿好对应的手牌。参观结束后再打开格子取出自己的饰品。

（杰克、凯莉点头同意）

陈志平：虽然有些麻烦，但是这样才能更好地保证食品安全。

王京生：接下来，请在右边的长椅上脱下鞋子，套上格子里的消毒鞋套；然后，在门左边的水池前洗手消毒。

杰克：这个桶是参观完放鞋套用的吗？

王京生：是的。

凯莉：挺好的，光看到这儿，就让人放了一半的心啦！

陈志平：在食品卫生方面，我们公司可是业内出了名的严格，这个两位一定有所了解吧？

杰克：哦，当然。

（四人进入生产区）

王京生：两位请这边走。请看，这里就是我们的主要生产区了。

凯莉：工人人数不太多啊。

王京生：是的。因为使用自动化生产线，所以生产线工人并不算多，但是效率还是很高的。

杰克：有多少个工人？

王京生：生产区分5个车间，负责生产的有50多个工人，其他还有质检、维修、保洁等人员，生产线工人占厂内总员工的40%。

杰克: 每月的产量有多少?

王京生: 目前每月产量大约在 3～5 吨。

(杰克轻轻皱眉)

陈志平: 每季度我们都会根据订单情况调整产量。现在的产量还是有所保留的, 如果订单量大的话, 我们还有潜力可挖。预计每月最高产量可达到 10 吨。

(杰克轻轻点了点头)

王京生: 两位请看这边! 我想为你们展示一下生产区的核心——中央操控室……

(四人走出生产区)

凯莉: 你们的生产区确实非常清洁、有序, 看样子工人们工作效率也挺高的。

王京生: 谢谢! 我们的目标就是有序、高效。

杰克: 那你们的不合格率有多少?

王京生: 严格控制在 2% 以内。

(杰克、凯莉点头)

陈志平: 生产方面请尽管放心, 我们的产品质量绝对过硬, 这在业界也是公认的。

杰克: 没错, 这也正是我们慕名而来的原因啊。

陈志平: 谢谢你们的信任! 参观结束了, 现在我们该解决午饭问题啦。两位想吃点什么呢?

杰克: 厂里有食堂吗? 有的话, 去食堂跟工人们一起吃吧。

王京生: 厂里有食堂, 现在正好到了开饭时间。

凯莉: 那就去食堂吧。还能跟工人师傅们聊聊天呢。

陈志平: 也好, 那就请两位多提宝贵意见吧。王工, 咱们几个就一起去食堂吃吧。

范例话语分析

接待方的介绍策略

*向对方表示欢迎——欢迎两位远道而来的贵客来我们厂参观！请跟我来。

*向对方介绍参观概况——从这个大门进去就是我们的主要生产区了。

从这里开始参观大概需要半个小时。

参观时对于产品生产方面的问题请随时提问，我很乐于回答。

两位请这边走。请看，这里就是我们的主要生产区了。

两位请看这边！我想为你们展示一下生产区的核心——中央操控室……

对客人提问的回应策略

*提问——请问，这个有很多小格子的柜子是做什么用的？

回应——因为我们厂非常重视食品的卫生和生产的安全，所以每个进入生产区的人员都要先取下身上佩戴的首饰。

虽然有些麻烦，但是这样才能更好地保证食品安全。

在食品卫生方面，我们公司可是业内出了名的严格，这个两位一定有所了解吧？

*提问——工人人数不太多啊。

回应——是的。因为使用自动化生产线，所以生产线工人并不算多，但是效率还是很高的。

*提问——每月的产量有多少？

回应——目前每月产量大约为 3～5 吨。

每季度我们都会根据订单情况调整产量。现在的产量还是有所保留的，如果订单量大的话，我们还有潜力可挖。预计每月最高产量可达到 10 吨。

 请同学们联系自己设计的对话，与范例进行比较，谈谈对接待客户参观时的用语及语气的看法。

词 汇

1.	佩戴	pèidài	动词	把某种物品挂在胸前、臂上、肩上等部位
2.	首饰	shǒushì	名词	佩戴在人身上的装饰品
3.	消毒	xiāodú	动词	用物理、化学等方法杀死或清除致病菌
4.	监理	jiānlǐ	名词	对工程项目等进行监督和管理的工作人员
5.	效率	xiàolǜ	名词	单位时间里实际完成的工作量
6.	质检	zhìjiǎn	名词	质量检验
7.	维修	wéixiū	动词	维护、保养、修理
8.	保洁	bǎojié	动词	保持清洁
9.	皱眉	zhòu méi		皱起双眉，表示忧虑或不满意
10.	保留	bǎoliú	动词	暂时留着不使用或不处理
11.	潜力	qiánlì	名词	内在的没有发挥出来的力量或能力
12.	核心	héxīn	名词	中心；主要部分
13.	操控	cāokòng	动词	操纵控制
14.	公认	gōngrèn	动词	大家一致承认

练 习

一、词汇练习

1. 用自己的话解释下列短语并造句

（1）放了一半的心：

（2）有所了解：

（3）不合格率：

（4）慕名而来：

2. 在下列词语后的横线上填出适当的词

展示＿＿＿＿＿　　调整＿＿＿＿＿　　潜力＿＿＿＿＿　　解决＿＿＿＿＿

二、句子练习

1. 请将下列词语组成句子

（1）产量　季度　我们　会　每　订单　情况　根据　调整　都

（2）提问　对于　方面　产品　生产　的　请　随时　参观时　问题

（3）最高　月　可　产量　预计　10 吨　每　达到

（4）核心　想　你们　我　一下　生产区　展示　为　的

2. 请完成下列对话

（1）A：工人人数不太多啊。

　　　B：＿＿＿＿＿＿＿＿＿＿＿＿＿＿＿＿＿＿＿＿＿＿＿。

（2）A：你们的生产区确实非常清洁、有序，看样子工人们工作效率也挺高的。

　　　B：＿＿＿＿＿＿＿＿＿＿＿＿＿＿＿＿＿＿＿＿＿＿＿。

（3）A：那你们的不合格率有多少？

　　　B：＿＿＿＿＿＿＿＿＿＿＿＿＿＿＿＿＿＿＿＿＿＿＿。

（4）A：＿＿＿＿＿＿＿＿＿＿＿＿＿＿＿＿＿＿＿＿＿＿＿？

　　　B：目前每月产量大约为 3～5 吨。

（5）A：＿＿＿＿＿＿＿＿＿＿＿＿＿＿＿＿＿＿＿＿＿＿＿？

　　　B：厂里有食堂吗？有的话，去食堂跟工人们一起吃吧。

三、范例理解

1. 请根据范例内容判断下列句子的正误

（　　）（1）王京生是食品厂的厂长。

（　　）（2）凯莉觉得厂里的工人很多。

（　　）（3）杰克对食品厂目前的产量不满意。

（　　）（4）杰克和凯莉对食品厂的卫生情况很满意。

（　　）（5）午饭时他们会在厂外的餐厅跟工人们一起吃。

2. 根据本课内容思考并回答问题

（1）如果你带客户去参观工厂或公司，应该先介绍哪些情况？

（2）在回答客户的问题时应该注意哪些方面？

（3）你认为在带领客户参观时该怎样展示本公司的优势？

四、语篇练习

　　同学们两两分组，熟读范例，先由 A 方用自己的话将范例中王京生介绍华宇食品厂的内容向 B 方讲述一遍；B 方听后，对听到的内容提出至少三个问题，请 A 方回答。然后再交换练习。小组练习后，老师进行抽查。

五、案例分析

　　前几天，刚开始工作的小张在公司接待了一组外国客户，对方是三位俄罗斯客人，两男一女。

　　在接客户到公司的途中，小张先问候了客人，之后一直都是客人问小张回答。因为掌握的外语词汇很有限，小张答得都很简单。机场离公司很远，后来客人慢慢睡着了。

　　到公司之后，小张先领客人进了公司的样品间，然后放下行李；接着带客人参观了工厂，介绍了工艺流程；然后又回到了样品间，开始了正式的生意洽谈。这三位客人分别是合作公司的老板、外贸部经理和翻译。客人询问小张的老板在不在，小张解释说，今天他们开年终会议，老板来不了。客人显然很失望，因为他们是来签订一个长期合作合同的，可小张的老板却不在。

好在谈判过程中，小张对公司的产品及价格等信息很熟悉，没有让客人感觉到不放心。于是客人把总合同交给小张，让他审核、给老板签字并盖章后邮寄给他们。

之后，小张自费请三位客人吃了晚饭。由于外语水平有限，小张比较紧张。客人们就找些话题和他聊天，聊到了他的工作、待遇、学校和家庭，也谈了他们自己的工作……

晚饭后，小张把客人送回酒店，结束了这次接待任务。

请同学们分组讨论小张的这次接待，谈谈自己的看法。并说说自己所了解的接待礼仪。

道别——送行与商务往来礼仪

热身话题

● 当你要为客户送行时，应该说些什么？

● 请你设想一下，当客户要回去时，作为接待人员应该做些什么？

道别的表达

主人：*非常感谢您的到来。

　　　*希望您回去以后多联系！

　　　*期待下次再接待您！

　　　*盼望您能尽快回来！

　　　*让我们保持联系吧！

　　　*能够接待您是我们的荣幸！

客人：*我们看到了所有感兴趣的东西。

　　　*谢谢你抽时间陪我。

　　　*我们肯定会与你们联系的。

　　　*如果你有机会去我们那里的话，一定要去找我。

　　　*我盼望下次有机会再来拜访。

任务

杰克和凯莉要回国了。销售部经理陈志平和职员方可欣与他们道别，并送他们到机场。请为他们设计一个道别的对话。

要求

1. 表达出陈志平作为主人的难舍心情。

2. 杰克和凯莉对这次来访非常满意，请表达出他们的心情。

相关背景资料

1. 商务礼品的作用

在当今的商业事务中，赠送礼品也起着相当重要的作用。赠送礼品是对客户表示感谢，使已有的关系得到进一步加强。商业礼品能起到广告宣传作用，达到感谢目的，同时又巩固、加强了公司与客户之间已有的良好关系。

2. 商务礼品的分类

（1）办公文具礼品，如：钢笔、水杯、名片盒等。

（2）箱包礼品，如：皮具套装礼品、电脑包、公文包等。

（3）健康休闲礼品，如：健身套装礼品、户外休闲礼品等。

（4）数码电子礼品，如：礼品U盘、数码相框、电子万年历、计时器等。

（5）特色纪念礼品，如：定制的真丝领带、商务丝巾、笔记本等。

（6）家居家纺礼品，如：餐具、床上用品、茶具、家居饰品、工具套装等。

（7）工艺特色礼品，如：本地或本国的特色工艺礼品。

（8）收藏纪念礼品，如：纪念邮册、定制纪念邮票收藏册、纪念币礼品等。

范 例

（陈志平和方可欣在公司与杰克和凯莉道别）

杰克：时间过得真快呀！陈经理，小方，我们必须要向你们告别了。

陈志平：你们要回国了，我们真舍不得啊。经过几天的相处，我们已经成为朋友了。

方可欣：启程前还需要我帮忙做些什么吗？

凯莉：没有了。这几天已经给你们增加了不少麻烦，你们的招待非常周到，很感谢。

方可欣：太客气了！你们是我们的贵客，热情招待是应该的。

杰克：这次访问我们收获很大，这多亏了你们的帮助。唯一的遗憾就是时间比较紧，没能去游览一下附近的名胜，以后有机会的话，我希望能够再次来访。

陈志平：非常欢迎！下次你们再来的话，我们一定陪同游览。

凯莉：好啊，我已经等不及要再来出差了！

（方可欣捧过来两个礼品盒）

陈志平：这是两套景德镇产的青花瓷茶具，很有中国特色，送给两位做个纪念，希望你们喜欢。

（杰克、凯莉接过礼盒，打开欣赏）

杰克：哇，这么精美的瓷器，我太太一定会非常喜欢的。谢谢！

凯莉：哦，太漂亮了！这种花色就是我心目中最有中国味道的图案，又典雅又大方，我也很喜欢，我想我根本舍不得用它。非常感谢！

陈志平：很高兴你们能喜欢这个小礼物。也希望我们的友谊不断加深！

杰克：当然！我相信有了这次的良好开端，以后我们两家公司一定会发展成亲密的合作伙伴！

陈志平：那太好了！

方可欣：两位的飞机是下午五点的，我们中午一点去酒店接你们可以吗？

凯莉：我们自己可以去机场，就不麻烦你们送了。

陈志平：哎，这就太见外了。接待朋友要善始善终，你们就别客气了。

杰克：那就恭敬不如从命了。以后如果你们来美国，一定别忘了联系我们。我们也要好好招待你们哦！

陈志平、方可欣：好啊！

范例话语分析

接待方的道别策略

* 对客人表示不舍——你们要回国了，我们真舍不得啊。经过几天的相处，我们已经成为朋友了。

* 询问客人有无困难——启程前还需要我帮忙做些什么吗？

* 表达对客人下次来访的期望——非常欢迎！下次你们再来的话，我们一定陪同游览。

* 送上纪念品——这是两套景德镇产的青花瓷茶具，很有中国特色，送给两位做个纪念，希望你们喜欢。

  很高兴你们能喜欢这个小礼物。也希望我们的友谊不断加深！

* 提出为客人送行——我们中午一点去酒店接你们可以吗？

  接待朋友要善始善终，你们就别客气了。

客人的道别策略

* 表达不舍的心情——时间过得真快呀！陈经理，小方，我们必须要向你们告别了。

* 对主人的招待表示感谢——这几天已经给你们增加了不少麻烦，你们的招待非常周到，很感谢。

  这次访问我们收获很大，这多亏了你们的帮助。

* 对下次见面的期待——以后有机会的话，我希望能够再次来访。

  我已经开始期待下次来出差了！

* 感谢主人送的礼品——这么精美的瓷器，我太太一定会非常喜欢的。谢谢！

  哦，太漂亮了！……非常感谢！

* 表达愿意接待对方的心意——以后如果你们来美国，一定别忘了联系我们。

  我们也要好好招待你们哦！

 请同学们联系自己设计的对话，与范例进行比较，谈谈对道别口语用词及语气的看法。

词汇

1.	启程	qǐchéng	动词	〈书面语〉出发
2.	周到	zhōudào	形容词	各方面都照顾到，没有疏漏
3.	收获	shōuhuò	名词	比喻收益、心得、成绩等
4.	名胜	míngshèng	名词	有著名的古迹或风景的地方
5.	景德镇	Jǐngdézhèn	专名	在中国江西省，以出产高品质的瓷器闻名
6.	青花瓷	qīnghuācí		常简称青花，是中国瓷器的主流品种之一
7.	精美	jīngměi	形容词	精致而美好
8.	典雅	diǎnyǎ	形容词	优美而不粗俗
9.	善始善终	shànshǐ-shànzhōng		做事情有好的开头，也有好的结尾，形容办事认真
10.	恭敬不如从命	gōngjìng bùrú cóngmìng		对方对自己客气，自己虽不敢当，但不好拒绝，只能遵从对方的好意

练习

一、词汇练习

1. 用自己的话解释下列词语并造句

（1）启程：

（2）开端：

（3）见外：

（4）善始善终：

（5）恭敬不如从命：

2. 在下列词语后的横线上填出适当的词

招待＿＿＿＿＿＿　　游览＿＿＿＿＿＿　　良好＿＿＿＿＿＿　　加深＿＿＿＿＿＿

二、句子练习

1. 请将下列词语组成句子

（1）前　需要　我　启程　做　还　些　什么　帮忙　吗

（2）这次　我们　很大　这　收获　多亏了　你们的　访问　帮助

（3）花色　就是　我　这种　最　有　心目中　味道　的　图案　中国

（4）合作　我们　两家　以后　亲密的　公司　会　发展　成　伙伴　一定

2. 请完成下列对话

（1）A：时间过得真快呀！陈经理，小方，我们必须要向你们告别了。

　　　B：＿＿＿＿＿＿＿＿＿＿＿＿＿＿＿＿＿＿＿＿＿＿＿＿＿。

（2）A：启程前还需要我帮忙做些什么吗？

　　　B：＿＿＿＿＿＿＿＿＿＿＿＿＿＿＿＿＿＿＿＿＿＿＿＿＿。

（3）A：这个送给两位做个纪念，希望你们喜欢。

　　　B：＿＿＿＿＿＿＿＿＿＿＿＿＿＿＿＿＿＿＿＿＿＿＿＿＿。

（4）A：＿＿＿＿＿＿＿＿＿＿＿＿＿＿＿＿＿＿＿＿＿＿＿＿＿。

　　　B：那太好了！

（5）A：＿＿＿＿＿＿＿＿＿＿＿＿＿＿＿＿＿＿＿＿＿＿＿＿＿。

　　　B：那就恭敬不如从命了。以后如果你们来美国，一定别忘了联系我们。

三、范例理解

1. 请根据范例内容判断下列句子的正误

（　　）（1）陈志平和方可欣在杰克他们住的酒店里道别。

（　　）（2）杰克对这次的访问很满意。

（　　）（3）凯莉觉得这个瓷器的图案不适合使用。

（　　）（4）杰克和凯莉不希望陈志平他们送到机场。

（　　）（5）最后杰克同意让陈志平他们送到机场。

2. 根据本课内容思考并回答问题

（1）客户要走了，主人应该如何道别？

（2）作为去访问的客户，临走前需要跟主人说些什么？

（3）你们国家的商务礼品一般有什么？跟中国一样吗？

四、语篇练习

同学们两两分组，熟读范例，先由 A 方用自己的话将范例中的道别过程向 B 方讲述一遍；B 方听后，提出至少三个问题，请 A 方回答。然后再交换练习。小组练习后，老师进行抽查。

五、案例分析

礼貌送客的规矩

在中国，客人提出告辞时，主人要等客人起身后再站起来相送。如果客人还没站起来，主人先起身的话，是很不礼貌的。而如果客人提出告辞，主人却还坐在办公桌前，嘴里说着再见，手中却还忙着自己的事，眼神也没有转到客人身上，那也是不礼貌的行为。"迎三步、送七步"是迎送客人最基本的礼仪。

注意行为礼仪的同时，还要选择合适的送别词，如"希望下次再来"等礼貌用语。对初次来访的客人更应热情、周到、细致。

与客人在门口、电梯口或汽车旁告别时，要目送客人上车或离开，不要急于返回。挥手致意，等客人离开视线后再返回，是恰当的行为。

中国人和你们国家的人在道别时有哪些相同和不同之处？请你说一说。

复习一

迎来送往的艺术

实战演练

　　将本单元的商务主题做成纸条，请同学们按组选代表来抽取，然后进行准备。从每组中选出一位同学组成评委，每组分别按抽到的主题表演，最后由老师和全体评委一起点评，并选出优胜组（点评标准可参考下面的表格）。老师根据表现给每个学生第一单元的课堂表现评定成绩。

	内容符合	用词准确	语气适当	组员配合度	表演真实	**优胜组**
第一组						
第二组						
第三组						
第四组						
第五组						
……						

谈判与成交——谈判策略

热身话题

● 你有过商务谈判的经验吗？谈谈你对商务谈判的了解。

● 请你设想一下，如果在商务谈判时双方的意见不统一，该怎样协调？

谈判用语

表示询问：＊你有这个项目的计划书吗？

＊你看能处理好这个问题吗？

＊价格还能优惠多少？

＊付款方式还可以商量吗？

＊有没有可能延长交货的最后期限？

表示同意：＊我们同意选用……

＊我们愿意和你方合作。

＊我们可以按照你们的要求……

＊我们可以完成，但需要追加费用。

＊一言为定！

表示反对：＊这个价格超出了我们的底线。

＊如果再低的话，我们的项目就要亏本了。

＊我想我们帮不了你们。

             * 这么短的时间我们不可能完工。

             * 很抱歉，我真的希望我能这么做，但我们的政策是……

             * 如果你方一味压低价格的话，我们的合作将很难达成。

表示让步：* 好吧，我还可以给你们提前支付的订金额外打……折。

             * 这样好了，我们给你们九五折，但你们有……天的赊账期限。

             * 如果你们付保险费的话，折扣低一点儿也能接受。

             * 如果你们同意签……年的合同，我就给你们提供更优惠的保单。

             * 如果你们订……吨或更多的话，我们可以免费送货。

任务

    销售部经理陈志平和职员方可欣与美国客户杰克和凯莉进行商务谈判，最终达成一致，签订了一年的供货合同。

要求

    1. 杰克认为中方的报价太高，双方经历了一番讨价还价，最终各让了一步，达成一致。

    2. 在陈志平的要求下，杰克同意签订一年期合同。

    3. 注意谈判中双方的用词和语气。

相关背景资料

    在商务谈判中，双方谈判能力的强弱差异决定了谈判结果的差别。谈判能力来源于八个方面，就是 NO TRICKS 的八个字母所代表的八个单词——need, options, time, relationships, investment, credibility, knowledge, skills。

    "N" 代表需求（need）。对于买卖双方来说，谁的需求更强烈一些，那么另一方则更有能力达到目的。

    "O" 代表选择（options）。如果谈判不能最后达成协议，那么双方会有什么选择？哪一方可选择的机会较多，该方就拥有较强的谈判资本。

"T"代表时间（time），是指谈判中可能出现的有时间限制的紧急事件。

"R"代表关系（relationship）。如果与顾客之间建立了强有力的关系，在同潜在顾客谈判时就会拥有关系力。

"I"代表投资（investment）。谈判双方在谈判过程中投入了多少时间和精力？投入较多、对达成协议承诺较多的一方往往拥有的谈判力较少。

"C"代表可信性（credibility）。产品的可信性越高，谈判的成功率也就越高。

"K"代表知识（knowledge）。知识就是力量。对产品的了解和相关知识越多，谈判力越强。

"S"代表的是技能（skill）。谈判技巧是综合的学问，需要广博的知识、雄辩的口才、灵敏的思维……

范 例

（会议室里，陈志平、方可欣与杰克、凯莉分坐两边进行洽谈，金秀英作会议记录）

陈志平：两位已经参观了我们的食品厂，感觉如何啊？

杰克：确实名不虚传！卫生条件好，产品质量过硬，工人效率高，对你们厂我们很满意。

陈志平：那太好啦！选择我们作为合作伙伴，你们是绝对不会后悔的。

凯莉：希望如此。

陈志平：那么贵方对于合作有何打算？

杰克：我们打算先订一批货试销。

方可欣：既然贵方对我们的样品满意，对我们厂也有了比较深入的了解，还有什么不放心的呢？

凯莉：主要是想先看看市场的反馈。

方可欣：我们的产品在英国、法国、德国和爱尔兰的市场反馈都很好，这几个国家的贸易公司都跟我们建立了长期合作。所以我们也很看好美国市场。

杰克：说到这儿，我觉得有必要提一下价格因素。

陈志平：怎么，您对报价不满意？

杰克：报价超出了我们的预算。您看能否给个优惠价？

陈志平：这要看贵方的订单量了。10吨以内的订单，我们没法儿给优惠。

方可欣：欧洲的客户都是按月发货，市场比较稳定，我们也好制订生产计划。

凯莉：可是这对美国市场来说毕竟是新产品，一下子签了长期合同要冒一定的风险啊。

陈志平：只要瞄准适合的顾客群，再增加一些宣传力度，效果就会非常明显。欧洲市场就是很好的例子。特别是在法国，销售商找准了定位，主要针对中青年白领人群，在他们聚集的各类咖啡厅和聚会场所增设了免费试尝的活动，并且将不同口味的茶点搭配各种口味的咖啡，还做了一些东西方文化相融合的广告来进行宣传，结果获得了一致的好评，销量也直线上升。

杰克：嗯，这个主意不错。我们也可以借鉴。

方可欣：当时法方因为销量上涨，临时又增购10吨应急，但是由于时间太紧，我们只好分两次发货。这无形中也增加了对方的成本。后来他们在原来合同的基础上每月又追加了50%的订货量才能满足需求。所以也请贵方考虑这个因素。

杰克：谢谢小方的提醒。不过，我们这次的确是很有诚意的，你们看能不能……

陈志平：这样吧，如果你们订50吨或更多的话，我们可以给你们老客户的折扣——九五折；要是可以签一年期的合同的话，还可以赠送货物的保险费。怎么样？

杰克：陈经理果然是爽快人！既然如此，那我们就接受您的提议了。我方决定跟贵公司签订一年期的合同，每月10吨，价格就按您说的九五折。

陈志平：好，一言为定！

范例话语分析

卖方的谈判策略

* 询问对方的意图——两位昨天参观了我们的食品厂，感觉如何？

那么贵方对于合作有何打算？

* 强调自身优势——我们的产品在英国、法国、德国和爱尔兰的市场反馈都很好，这几个国家的贸易公司都跟我们建立了长期合作。

所以我们也很看好美国市场。

* 引导客户接受自己的条件——这要看贵方的订单量了。10吨以内的订单，我们没法儿给优惠。

欧洲的客户都是按月发货，市场比较稳定，我们也好制订生产计划。

只要瞄准适合的顾客群，再增加一些宣传力度，效果非常明显。欧洲市场就是很好的例子。

* 让步——这样吧，如果你们订50吨或更多的话，我们可以给你们老客户的折扣——九五折；要是可以签一年期的合同的话，还可以赠送货物的保险费。怎么样？

* 成交——好，一言为定！

买方的回应策略

* 表达满意的心情——确实名不虚传！对你们厂我们很满意！

* 试探对方——我们打算先订一批货试销。

主要是想先看看市场的反馈。

* 提出自己的真实想法——我觉得有必要提一下价格因素。

报价超出了我们的预算。您看能否给个优惠价？

我们这次的确是很有诚意的，你们看能不能……

* 接受——既然如此，那我们就接受您的提议了。

 请同学们联系自己设计的对话，与范例进行比较，谈谈对商务谈判口语用词及语气的看法。

📖 词 汇

1.	追加	zhuījiā	动词	在原数上再增加
2.	报价	bàojià	名词	卖方所提出的价格
3.	名不虚传	míngbùxūchuán		传出的名声不是虚假的，形容人或事物确实很好
4.	试销	shìxiāo	动词	新产品大量生产前，为了解市场需求、检验产品质量所作的试探性销售
5.	反馈	fǎnkuì	动词	（信息、反映等）返回
6.	预算	yùsuàn	名词	国家机关、团体和事业单位等对于未来的一定时期内的收入和支出的计划
7.	毕竟	bìjìng	副词	表示追根究底所得的结论，强调事实或原因
8.	风险	fēngxiǎn	名词	某一特定危险情况发生的可能性和后果的组合
9.	瞄准	miáozhǔn	动词	射击时注视目标；泛指对某事物集中注意力
10.	融合	rónghé	动词	指将两种或多种不同的事物合成一体
11.	借鉴	jièjiàn	动词	与别的人或事相对照，来吸取经验或教训
12.	临时	línshí	副词	临到事情将要发生的时候
13.	无形中	wúxíng zhōng		不知不觉之中
14.	爽快	shuǎngkuài	形容词	（指人的性格或行为）直爽；直截了当
15.	一言为定	yìyánwéidìng		比喻说话算数，决不反悔

练 习

一、词汇练习

1. 用自己的话解释下列词语并造句

（1）名不虚传：

（2）冒风险：

（3）爽快：

（4）一言为定：

2. 在下列词语后的横线上填出适当的词

加大＿＿＿＿＿＿　　追加＿＿＿＿＿＿　　超出＿＿＿＿＿＿

瞄准＿＿＿＿＿＿　　借鉴＿＿＿＿＿＿

二、句子练习

1. 请将下列词语组成句子

（1）我们　作为　绝对　选择　不会　伙伴　后悔　的　合作　你们　是

（2）市场　欧洲　产品　在　的　都　很好　我们的　反馈

（3）主意　这个　我们　可以　不错　借鉴　也

（4）一年期　决定　贵公司　签订　我方　每月　跟　10吨　合同　的

2. 请完成下列对话

（1）A：两位已经参观了我们的食品厂，感觉如何啊？

B：＿＿＿＿＿＿＿＿＿＿＿＿＿＿＿＿＿＿＿＿＿＿＿＿＿。

（2）A：那么贵方对于合作有何打算？

B：＿＿＿＿＿＿＿＿＿＿＿＿＿＿＿＿＿＿＿＿＿＿＿＿＿。

（3）A：既然贵方对我们的样品满意，还有什么不放心的呢？

　　　B：_____。

（4）A：_____。

　　　B：怎么，您对报价不满意？

（5）A：_____？

　　　B：这样吧，如果你们订 50 吨或更多的话，我们可以给你们老客户的折
　　　　　扣——九五折。

三、范例理解

1. 请根据范例内容判断下列句子的正误

（　　）（1）杰克对华宇食品厂非常满意。

（　　）（2）杰克不想签订长期合同。

（　　）（3）华宇食品厂的产品在法国的销售情况不理想。

（　　）（4）陈志平给杰克的报价和老客户不一样。

（　　）（5）最后双方达成了一致。

2. 根据本课内容思考并回答问题

（1）在商务谈判中，作为卖方，应该强调哪些因素？

（2）买方可以通过哪些策略争取主动？

（3）在本课范例中，你认为哪一方比较主动？

四、语篇练习

同学们两两分组，熟读范例，先由 A 方用自己的话将范例中的谈判过程向 B

方讲述一遍；B方听后，对听到的内容提出至少三个问题，请A方回答。然后再交换练习。小组练习后，老师进行抽查。

五、案例分析

1. 美国通用汽车是世界上最大的汽车公司之一。早期通用汽车曾经任用过一个叫罗培兹的采购部经理，他上任半年，就帮通用汽车增加了20亿美金的净利润。他是如何做到的呢？汽车是由许许多多的零部件组成的，其中大多是外购件。罗培兹上任的半年时间里只做了一件事，就是把所有供应配件的厂商请来谈判。他说："我们公司的信用这样好，用量这样大，所以我们认为现在要重新评估价格。如果你们不能给出更好的价格的话，我们就打算更换供应商。"这样的谈判下来之后，罗培兹在半年的时间里就为通用省下了20亿美金！

难怪美国前总统克林顿的首席谈判顾问罗杰·道森说："全世界赚钱最快的办法就是谈判！"

读了这个案例，请谈谈你对商务谈判的看法。

2. 巴西一家公司到美国去采购成套设备，可谈判小组成员因为上街购物耽误了时间。当他们到达谈判地点时，比预定时间晚了45分钟。美方代表对此极为不满，花了很长时间来指责巴西代表不遵守时间、没有信用。并表示：如果老这样下去的话，以后很多工作很难合作，浪费时间就是浪费资源、浪费金钱。对此巴西代表感到理亏，只好不停地向美方代表道歉。谈判开始以后美方代表似乎还对巴西代表来迟一事耿耿于怀。巴西代表手足无措，说话处处被动，无心与美方代表讨价还价，对美方提出的许多要求也没有静下心来认真考虑，匆匆忙忙就签订了合同。等到合同签订以后，巴西代表才发现自己吃了大亏，但为时已晚。

请根据上面这个案例回答：
(1) 上述谈判中，美方运用了哪些策略？
(2) 如果你是巴西公司谈判人员，应如何扭转不利局面？

第 7 课

参加招投标——招标、投标与竞标

● 你参加过招投标会吗？对此你了解多少？

● 你认为在哪些领域常采用招投标的形式洽商？

招投标的表达

招标方：* 欢迎参加我公司的招投标会！

* 敬请光临本次招投标会！

* 请准备好投标书及相关资料。

* 请准备好 10 分钟以内的竞标资料。

* 本次招标过程公开、透明，由公证处人员全程监督。

* 投标公司不论大小，一律严格按招投标规定竞标。

* 本次招投标会的中标者为……

* 祝贺……中标，也感谢其他积极参与竞标的兄弟公司的大力支持！

投标方：* 我们会认真准备这次招投标。

* 参加贵公司的招投标会需要准备哪些材料？

* 我们想了解一下，到目前为止有哪些公司参与投标。

* 竞标的结果什么时候公布？

* 谢谢贵公司的信任！对这个项目我们会全力以赴！

* 虽然竞标失败了，但是我们也展示了自己，增加了对同行的了解，
发现了自身的不足，这也是不小的收获。

任 务

　　当地电视台将要举办 2011 年广告招标会，华宇公司打算参加这次的广告招标会。华宇公司内销售部和财务部正在开会讨论方案。销售部经理陈志平要求本部门职员方可欣和财务部会计师、法国人高飞一起准备参加招投标会的资料。请为他们设计一个相关对话。

要 求

　　1.陈志平比较重视这次招投标会，要求职员尽力争取电视台晚间整点新闻之前的广告档。

　　2.方可欣是第一次参加招投标，对准备工作不够自信；高飞则有一定的参加招投标工作的经验。陈志平鼓励他们要有信心，并要求他们好好合作。

相关背景资料

　　1.招投标，是在市场经济条件下进行大宗货物的买卖、工程建设项目的发包与承包，以及服务项目的采购与提供时，所采取的一种交易方式。招标和投标是一种商品交易行为，是交易过程的两个方面。招投标有公开招投标和邀请招投标两种形式。

　　公开招投标，又称无限竞争性招标，是指招标人以招标公告的方式邀请不特定的法人或者其他组织投标。公开招投标的投标人不应少于三家，否则就失去了竞争意义。

　　邀请招投标，又称有限竞争性招标，是指招标人以投标邀请书的方式邀请特定的法人或者其他组织投标。被邀请的投标人不应少于三家。

　　招投标活动的原则是：公开、公平、公正和诚实信用。

　　2.1994 年，中央电视台把黄金时间的广告段位拿出来，在全中国进行招标，招标时间定在每年的 11 月 8 日，此举后来被誉为"中国经济晴雨表"、"市场变化风向标"。它使得央视广告获得了飞跃性的增长，其中时间段最好、价位最高的广告中标者被称为"标王"。

央视历届标王与中标价（人民币）

第一届（1995 年）：孔府宴酒，约 0.31 亿元

第二届（1996 年）：秦池酒，约 0.67 亿元

第三届（1997 年）：秦池酒，约 3.2 亿元

第四届（1998 年）：爱多 VCD，约 2.1 亿元

第五届（1999 年）：步步高 VCD，约 1.59 亿元

第六届（2000 年）：步步高 VCD，约 1.26 亿元

第七届（2001 年）：娃哈哈，约 0.22 亿元

第八届（2002 年）：娃哈哈，约 0.20 亿元

第九届（2003 年）：熊猫手机，约 1.09 亿元

第十届（2004 年）：蒙牛，约 3.1 亿元

第十一届（2005 年）：宝洁，约 3.85 亿元

第十二届（2006 年）：宝洁，约 3.94 亿元

第十三届（2007 年）：宝洁，约 4.2 亿元

第十四届（2008 年）：伊利，约 3.78 亿元

第十五届（2009 年）：纳爱斯，约 3.05 亿元

第十六届（2010 年）：美的，约 5 亿元

范 例

（华宇公司会议室里，销售部和财务部正在开会。销售部经理陈志平、职员方可欣，财务部会计主管白雪梅、会计师高飞参会。陈志平给方可欣和高飞布置任务。）

陈志平：今天咱们两个部门聚在一起开会，主要目的就是要为公司参加今年市电视台的广告招投标会作准备。这件事李总很重视，让我负责这个工作。前期的准备工作就由方可欣和高飞你们两个人配合，具体操作。

方可欣：陈经理，我们公司以前没参加过电视台举办的广告招投标，而且我也是第一次做这类工作，没什么经验……

陈志平：这个我知道。不过，一回生两回熟。这次积累经验，下次再做就容易了。

白雪梅：小方别担心，高飞以前有过参加招投标的经验。你可以多向他学习。

方可欣：好的。高飞，那我可要常常打扰你了。

高飞：别客气，欢迎打扰。我以前曾经参加过三次电视台的广告招投标，比较了解准备工作的程序，你有什么问题，多跟我沟通，我一定把知道的都告诉你。

方可欣：谢谢！

陈志平：我也会尽力支持你们的工作。有什么需要帮助的，马上向我汇报。小方主要负责投标书的写作和相关资料的准备、整理。高飞负责投标预算，具体数字还需要白主管来审核。我负责联系和协调电视台、广告公司方面。

众人：好的。

方可欣：陈经理，我看到招标通告上说，竞标当天每个投标公司都要发表10分钟左右的竞标演讲和展示，这个怎么办？

陈志平：这个演讲和展示就由你来准备吧，可以结合广告公司的宣传文案，把我们的优势和实力展现出来。

高飞：陈经理，投标预算部分有什么要求吗？

陈志平：我们打算竞标的是市电视台晚7点到12点整点新闻前10分钟的广告档，你先查找和整理一下历年的中标公司情况和标价，作一下分析，然后对今年的情况作个预估。结果交给白主管审完以后，我们再跟李总开会商量出最终结果，最后依照决议内容来做。

高飞：整点新闻前的广告档，可是相当热门啊。当年我第一次参加竞标就败在这个广告档上了。

白雪梅：哦？是怎么回事？

高飞：其实我们当时就是参照往年的成交金额做的预算，没想到那年其他竞争者像商量好了似的一起抬高了竞标价，完全超出了我们的预计。

白雪梅：看来，你们失败的原因主要是不了解竞争对手啊。

陈志平：高飞的这个经验很有用，也给我们提了个醒。这期间我会多方打听，了解其他竞标公司的动向，大家也要随时注意同行们的相关信息，有任何消息我们都要立刻沟通。一定要做到知己知彼。

众人：没问题。

陈志平：递交投标书的截止日期是 10 月 20 日，竞标会是 11 月 8 日。我们还有两个月准备投标书，时间不宽裕，要抓紧啊。

方可欣：陈经理，这件事对我们公司来说可不是件小事，我以前又没做过，您看，我能行吗？

高飞：小方，还有我呢！我会尽力帮助你的。

陈志平：放心吧，我们都会支援你的。这是我们这个集体的任务，不是只有你们两个人迎战。不管遇到什么问题，我们都会一起来帮你们完成的。既然要去竞标，首先得有自信。再说，即使竞标失败了，我们也借机展示了自己，增加了对其他竞标者的了解；还能发现自身的不足，为以后竞标积累经验——这也是不小的收获啊。

方可欣：听你们这么一说，我就不紧张了。那我今天就开始准备。

陈志平：好的。为了让工作有条理，我建议高飞先协助小方制订一个比较详细的竞标进度计划表，把所有的手续、步骤都列出来，然后一一完成。遇到难题，你们解决不了，我们可以一起商量。

高飞：陈经理请放心，我们会按你的要求认真准备的。

白雪梅：小方，我们都会支持你的。有什么需要帮忙的，千万别客气！

方可欣：好的，谢谢！

范例话语分析

领导安排任务

* 安排工作——前期的准备工作就由方可欣和高飞你们两个人配合，具体操作。

* 确定分工——小方主要负责投标书的写作和相关资料的准备、整理。高飞负责投标预算，具体数字还需要白主管来审核。我负责联系和协调电视台、广告公司方面。

* 鼓励员工——放心吧，我们都会支援你的。……既然要去竞标，首先得有自信。再说，即使竞标失败了，我们也借机展示了自己，增加了对其他竞标者的了解；还能发现自身的不足，为以后竞标积累经验——这也是不小的收获啊。

* 引导和建议——为了让工作有条理，我建议高飞先协助小方制订一个比较详

细的竞标进度计划表，把所有的手续、步骤都列出来，然后一一完成。

下属回应

* 表示对新任务不了解——我们公司以前没参加过电视台举办的广告招投标，而且我也是第一次做这类工作，没什么经验……

* 询问领导解决问题的办法——我看到招标通告上说，竞标当天每个投标公司都要发表 10 分钟左右的竞标演讲和展示，这个怎么办？

投标预算部分有什么要求吗？

* 表达自己的困惑——这件事对我们公司来说可不是件小事，我以前又没做过，您看，我能行吗？

* 接受任务——听你们这么一说，我就不紧张了。那我今天就开始准备。

陈经理请放心，我们会按你的要求认真准备的。

 请同学们联系自己设计的对话，与范例进行比较，谈谈对商务工作中上下级之间谈话用词及语气的看法。

📖 词 汇

1.	竞标	jìngbiāo	动词	投标者互相竞争以争取中标
2.	文案	wén'àn	名词	一种表现某种方案或创意的文体，通常较简短，多用于宣传
3.	热门	rèmén	形容词	非常受欢迎
4.	动向	dòngxiàng	名词	（事情）变化发展的情况
5.	宽裕	kuānyù	形容词	（时间）充足；（生活）宽绰富裕
6.	支援	zhīyuán	动词	支持援助
7.	迎战	yíngzhàn	动词	朝着敌人来的方向上前去作战

8. 步骤　　　bùzhòu　　　名词　　　事情进行的程序

📘 练 习

一、词汇练习

1. 用自己的话解释下列词语并造句

（1）一回生两回熟：

（2）知己知彼：

（3）迎战：

（4）收获：

2. 在下列词语后的横线上填出适当的词

参加＿＿＿＿＿＿　　支持＿＿＿＿＿＿　　超出＿＿＿＿＿＿　　积累＿＿＿＿＿＿

二、句子练习

1. 请将下列词语组成句子

（1）投标书　小方　负责　的　写作　和　资料　相关　准备　整理
　　　主要　的

（2）当天　每个　投标　公司　竞标　都　要　发表　　左右　的　演讲
　　　10 分钟

（3）随时　要　大家　注意　也　相关　同行　的　信息　们

（4）一个　我　建议　先　做　详细的　你　进度　竞标　计划表　比较

2. 请完成下列对话

（1）A：那我可要常常打扰你了。

　　　B：＿＿＿＿＿＿＿＿＿＿＿＿＿＿＿＿＿＿＿＿＿＿＿＿＿。

（2）A：我们公司以前没参加过这类的招投标，没什么经验……

    B：_____。

（3）A：竞标当天每个投标公司都要发表 10 分钟左右的竞标演讲和展示，这个怎么办？

    B：_____。

（4）A：_____！

    B：好的，谢谢！

三、范例理解

1. 请根据范例内容判断下列句子的正误

（　　）（1）方可欣以前参加过招投标会。

（　　）（2）陈志平让小方和高飞负责这次招投标会的准备工作。

（　　）（3）小方负责准备投标书，高飞负责竞标演讲。

（　　）（4）高飞对自己没有信心。

（　　）（5）陈志平相信小方和高飞能够完成这次任务。

2. 根据本课内容思考并回答问题

（1）如果领导给你布置一个没接触过的新任务，你会怎么做？

（2）对于自己部门的新任务，作为职员应该怎么做？

（3）你们国家的招投标情况与中国有什么相同与不同？

四、语篇练习

    同学们两两分组，熟读范例，先由 A 方用自己的话将范例中的招投标任务安排向 B 方讲述一遍；B 方听后，对听到的内容提出至少三个问题，请 A 方回答。然后再交换练习。小组练习后，老师进行抽查。

五、案例分析

寿康医院决定投资一亿余元，兴建一座现代化的高层住院综合楼，这项工程采用公开招标的方式选定施工单位。2011 年 9 月 1 日寿康医院发出了招标公告，规定 10 月 30 日为提交投标文件的截止时间，11 月 15 日举行开标会。共有 6 家当地建筑单位打算参加投标，其中常建公司和中原建设公司的实力最强，竞争也最激烈。为了赢得这个项目，两家公司都做了很多准备工作。

常建公司组织了一个专门的投标工作组，其中包括法律顾问、高级建筑工程师、外聘专家和文案秘书。他们研究了当地的一些招投标案例，也充分了解了寿康医院的现状（医疗规模、患者数量、医疗投入情况等），投标书做得非常认真、严谨，但由于工程标准很高，每项开支都比同类其他公司略高，最终他们的投标报价也是六家公司中最高的。

中原建设公司的投标工作由公司的公关部门负责。在投标之前，公关部进行了责任分工，有的员工负责了解其他竞标公司的投标计划和预算，有的员工负责与寿康医院的基建处联系，多方打听招投标的相关信息。最后他们把收集来的信息进行整合，做出了比较符合寿康医院招标预算的投标书，工程标准和预算都在中上水平。

在 11 月 15 日的开标会上，中原建设最终获得了投标成功。

问题：

（1）常建公司对工程质量要求非常严格，投标准备工作也很充分，为什么还是失败了？

（2）你认为中原建设公司投标成功最主要的原因是什么？

（3）从以上的案例中，你能得出怎样的结论？

公益活动——捐赠与赞助

热身话题

● 什么是公益活动？你参加过哪些公益活动？

● 你认为公司应该参加哪些公益活动？

公益活动中双方的表达

捐赠人（赞助人）：*请收下我们公司的一片心意。

*我们公司希望可以在经济上帮助你们。

*为了支持……事业，我们公司可以提供活动经费。

*对于……活动，我们公司历来积极支持。

*我们希望成为本届运动会的赞助商。

*我们公司同意成为这次比赛的冠名赞助商。

受赠人（受赞助人）：*我代表受灾群众感谢您！

*感谢贵公司的慷慨资助，这些孩子终于能坐进明亮的教室学习了。

*非常感谢贵公司的慷慨捐助，这次活动的成功离不开你们的支持。贵公司愿意赞助本次比赛，我们感到很荣幸。

*欢迎贵公司赞助本届运动会，希望能够实现合作。

任 务

华宇公司总经理李响与助理赵明亮代表公司向市远郊的振华希望小学捐赠20台电脑，并出资10万元为小学建立图书室，受到马校长和教师们的欢迎和感谢。请为双方设计一个对话。

要 求

1. 助理赵明亮之前联系过振华小学，比较熟悉；李响是初次来到这里。请注意不同人物的用词与表达。

2. 李响和马校长分别有几句讲话，请根据人物身份选用适合的词语及表达方式。

相关背景资料

1. 希望工程是中国青少年基金会发起倡导并组织实施的一项社会公益事业，其宗旨是资助贫困地区失学儿童重返校园，建设希望小学，改善农村办学条件。希望工程自1989年10月实施以来，至2004年的15年间累计接受捐款22亿多元，资助250多万名贫困学生上学读书，援建希望小学9 508所。

2. 中国公益活动分类：

(1) 赞助体育活动。常见的有赞助某一项体育运动、某一次体育比赛和赞助体育设施的购置等多种方式。

(2) 赞助文化活动。常见的赞助方式，一是对文化活动的赞助，如对大型联欢晚会、文艺演出、电视节目制作和电影拍摄等的赞助；二是对文化事业的赞助，如对科学与艺术研究、图书出版和文化艺术团体等的赞助。

(3) 赞助教育事业。常见的赞助方式有赞助学校的基本建设，如图书馆、实验楼等的建设，或者为贫困地区建校办学、修缮校舍或场地；还有赞助学校专项经费，如设立专项科研基金和奖学金等；以及赞助教学用品，如设备、器材和图书资料等。

(4) 赞助学术理论研究活动。社会组织可以自己设立学术研究机构，也可以长期支持某些学术研究机构的研究活动。

(5) 赞助社会福利和慈善事业。常见的有赞助养老院、福利院、康复中心、公园、少年宫,在一些地区或单位遭受灾难时提供资助等。

范 例

(在振华小学操场前,马校长以及全体教师和各班的学生欢迎李响总经理)

(李响的助理赵明亮走在前边负责介绍)

赵明亮:马校长,您好!这位是我们公司的李总。李总,这位就是马校长。

马校长:李总您好!欢迎您光临敝校!路上辛苦了。

李响:马校长您好!其实这儿离市里不到 70 公里,就是山路不太好走,而且需要绕道别的县才能到,交通不太方便。

马校长:是啊,就是因为交通闭塞,我们这儿跟外界的交流也受到不小的影响,村子经济发展也慢。不过,市里要修一条新的公路,会经过我们村,已经动工了,没准儿您下次来的时候就能通车了。

李响:那太好啦!要想富先修路,到时候你们村一定能跟着兴旺起来!

马校长:哈哈,借您吉言啊!

赵明亮:马校长,李总这次来是要向你们学校捐赠 20 台电脑,并捐赠 10 万元为学生们建立图书室。后面那辆车里就是电脑。这是 10 万元的支票,请收好。

马校长:好,谢谢!李总,您这么关心我们的学生们,太感谢您了!

李响:马校长,您别客气。关心下一代是我们应尽的责任。这 20 台电脑虽然不是新的,但使用的时间都不超过 5 年,配置还是比较高的,送来之前,我们已经请厂家检修过了,都没有问题,而且也都认真进行了清洁和消毒,请老师和学生们放心使用。

赵明亮:这个是厂家的联系方式和保修证,有问题可以跟他们联系,他们承诺可以上门服务。

马校长:谢谢,谢谢!这下学生们就可以像城里孩子那样学习使用电脑了!李总真是雪中送炭哪!

(马校长面对全校师生讲话)

马校长:老师们,同学们,这位是华宇食品公司的李响总经理。华宇公司是我市非常有实力的食品贸易企业，今天李总在百忙之中抽时间来看望我们，还送来了20台电脑，帮助同学们学习现代科学技术，同时捐赠了10万元给同学们建立图书室。让我们以热烈的掌声感谢李总！下面欢迎李总给我们讲话！

（李响上前讲话）

李响：马校长，各位老师，各位同学好！今天是我第一次来到振华希望小学，看到辛勤的老师和勤奋的同学们我也很受感动。我是一个法籍华人，我的父母刚到法国时家里非常贫困，那时我们不停地搬家，父母每天打三四份工，很辛苦。虽然生活很困难，可是他们还是坚持要让我和哥哥上学读书，因为他们相信：知识改变命运。那时，看着父母省吃俭用辛苦赚钱，我就立志一定不辜负他们，要给他们一个幸福的晚年。经过多年的努力，我终于实现了自己的誓言。今天，我希望同学们也能够刻苦学习，努力实现自己的人生目标！

范例话语分析

受赠方的表达策略

* 对对方表示欢迎——欢迎您光临敝校！路上辛苦了！

* 感谢对方的捐赠——谢谢！李总，您这么关心我们的学生们，太感谢您了！
  谢谢，谢谢！这下学生们就可以像城里孩子那样学习使用电脑了！李总真是雪中送炭哪。

* 请捐赠者发言——让我们以热烈的掌声感谢李总！下面欢迎李总给我们讲话！

捐赠方的表达策略

* 回应对方的问候——马校长您好！其实这儿离市里不到70公里，就是山路不太好走，交通不太方便。

* 告知捐赠具体情况——李总这次来是要向你们学校捐赠20台电脑，并捐赠10万元为学生们建立图书室。

* 请对方不必客气——您别客气。关心下一代是我们应尽的责任。

* 表达对受赠者的期望——我也希望同学们能够刻苦学习，努力实现自己的人生目标！

请同学们联系自己设计的对话，与范例进行比较，谈谈对捐赠活动中口语用词及语气的看法。

📖 词 汇

1.	公益	gōngyì	名词	社会公众的利益（多指卫生、救济等群众福利事业）
2.	捐赠	juānzèng	动词	指不求回报地把有价值的东西给予别人
3.	敝	bì	形容词	（谦辞）用于与自己有关的事物
4.	绕道	ràodào	动词	不走最直接的路，改由较远的路过去
5.	闭塞	bìsè	形容词	交通不便，偏僻
6.	兴旺	xīngwàng	形容词	兴盛，旺盛，繁荣
7.	配置	pèizhì	名词／动词	配备、布置，安排
8.	消毒	xiāodú	动词	指杀死病原微生物或细菌的方法
9.	雪中送炭	xuězhōng-sòngtàn	成语	在下雪天给人送炭取暖。比喻在别人急需时给以物质上或精神上的帮助、鼓励
10.	辛勤	xīnqín	形容词	辛苦勤劳，不偷懒
11.	勤奋	qínfèn	形容词	认认真真，努力做事情，不怕吃苦，踏实工作
12.	省吃俭用	shěngchī-jiǎnyòng	熟语	形容生活中非常节约、简朴
13.	攒	zǎn	动词	积聚，储蓄
14.	辜负	gūfù	动词	使别人对自己的希望（好意、期望或帮助）落空
15.	誓言	shìyán	名词	约定的话，一般不能更改

练 习

一、词汇练习

1. 用自己的话解释下列词语并造句

（1）闭塞：

（2）雪中送炭：

（3）省吃俭用：

（4）辜负：

2. 在下列词语后的横线上填出适当的词

交通＿＿＿＿＿＿＿　　　　捐赠＿＿＿＿＿＿＿　　　　实现＿＿＿＿＿＿＿

二、句子练习

1. 请将下列词语组成句子

（1）向　这次　是　要　你们　学校　捐赠　我们　20台　来　电脑

（2）这下　电脑　就　可以　学习　城里　孩子　学生们　那样　像
　　　使用　了

（3）看望　今天　李总　抽时间　来　我们　百忙之中　在

（4）的　老师　看到　和　的　同学们　感动　我　勤奋　很　受　辛勤

2. 请完成下列对话

（1）A：欢迎您光临敝校！路上辛苦了！

　　　B：＿＿＿＿＿＿＿＿＿＿＿＿＿＿＿＿＿＿＿＿＿＿＿＿＿。

（2）A：要想富先修路，到时候你们村一定能跟着兴旺起来。

　　　B：＿＿＿＿＿＿＿＿＿＿＿＿＿＿＿＿＿＿＿＿＿＿＿＿＿。

（3）A：李总，您这么关心我们的学生们，太感谢您了！

   B：_____。

（4）A：_____。

   B：这下学生们就可以像城里孩子那样学习使用电脑了！李总真是雪中送
    炭哪。

三、范例理解

1. 请根据范例内容判断下列句子的正误

（ ）（1）李响经常来振华小学看望孩子们。

（ ）（2）振华小学所在的村子交通非常不方便。

（ ）（3）村里人觉得修路能促进他们村的经济发展。

（ ）（4）李响捐赠的电脑是二手的。

（ ）（5）李响从小到大一直过着富裕的生活。

2. 根据本课内容思考并回答问题

（1）如果你所在的公司打算参与一些公益活动，你有什么好的建议？

（2）在正式举行公益活动前，负责人员应该先做哪些准备工作？

（3）如果华宇公司的工作人员打算下个月去敬老院慰问老人，你会建议他们为
  老人们带些什么礼物？

四、语篇练习

  同学们两两分组，熟读范例，先由 A 方用自己的话将范例中的捐赠活动向 B
方讲述一遍；B 方听后，对听到的内容提出至少三个问题，请 A 方回答。然后再交
换练习。小组练习后，老师进行抽查。

五、实战演练

　　为响应绿色低碳生活的号召，学校的学生会决定举办一次"低碳生活从点滴做起"的全校性主题活动。请为这次活动设计一到两个方案。

商务考察——计划与安排

热身话题

● 你参加过商务考察吗？你知道商务考察前需要准备些什么吗？

● 进行商务考察时，考察方需要注意哪些方面？接待方呢？

考察的表达

安排行程：＊申请签证大约需要多长时间？

＊申请商务签证并不困难。

＊我打算预订……上午的航班。

＊除行李外，我全都准备好了。

进行考察：＊开发区建设的进展情况如何？

＊这里的基础设施建设怎么样？

＊能否介绍一下你们这里的交通运输情况？

＊你们对来投资的商户有哪些优惠政策？

＊如何办理投资办厂的手续？

＊已经有哪些商家落户你们的经济技术开发区？

✏️ 任 务

美国利达外贸公司计划与华宇公司建立长期合作关系，利达公司市场部经理杰克和职员凯莉打算来华宇公司进行商务考察。请为他们设计一个计划和安排此次考察工作的对话。

🔍 要 求

1. 美国利达公司的凯莉先与华宇公司的金秀英进行考察前的联络工作。

2. 金秀英向陈志平汇报工作进展，然后二人沟通并计划行程等事项。

相关背景资料

商务考察是企业经营活动中的一项必不可少的商务活动，从广义上来讲，商务考察还应包含奖励旅游、对口访问等活动项目。

商务考察前通常需要先确定目的地的接待方，如果是公司之间的交流，应提前联系好对方公司，多作沟通和交流，尽量使双方达成一致。如果是公司单方组团进行商务考察，则需事前联系好当地旅行社等妥善安排行程。

商务考察安排主要包括：

1. 考察方与接待方充分沟通，确定考察方的具体信息（包括目的地、出入境地点、出发时间、行程内容、重点考察项目、所需提供的其他特殊服务等）；

2. 由接待方根据所掌握的具体信息为考察方进行策划，设计几个基本行程方案，提供给考察方选择、修改，并说明安排的理由，提出建议；

3. 经过反复修改，考察方确定行程后，双方再协商费用问题。

📖 范 例

（美国利达公司市场部办公室内，凯莉在打电话）

凯莉：喂，您好！请问是华宇食品进出口贸易公司吗？我是美国利达外贸公司市场部的凯莉·史密斯。哦，是金小姐啊，您好！我想跟您再商量一下关于我们去贵公司考察的事项。主要有三件事。第一是需要贵公司给我们发来一封印有公司抬头的正式邀请信，同时附上贵公司的营业执照和法人身份证件的复印件，我们需要用这些文件来申请商务签证；第二是关于考察的具体时间需要确定一下。我们希望在11月底到12月中旬这段期间访问，预计停留三到五天，不知贵公司何时方便？请尽快回复我们，以便我们尽早安排行程。第三是关于考察的日程和费用，不知贵公司有什么好的建议？噢，好的，那我就等您的传真啦。谢谢金小姐。再见！

（金秀英打完电话后请示陈志平）

金秀英：陈经理，今天美国利达公司市场部的史密斯小姐来电话询问来我们公司考察的事，我已经发去了他们办商务签证需要的邀请信。他们希望在11月底到12月中旬这段期间来访，预计停留三到五天，问我们公司什么时候方便。

陈志平：那就建议他们在十一月的最后一周来好了，那个时候我们应该不太忙。

金秀英：好的，我会告诉她。还有就是关于考察的日程和费用，史密斯小姐问我们公司有什么好的建议。您看，该怎么回复她呢？

陈志平：她说停留三到五天吗？三天时间太紧张了，这样吧——一天到达接待，一天工厂参观，一天公司会议，一天休闲观光，一天返程，正好是五天。

金秀英：好的。那费用……

陈志平：还是按照惯例，我们可以负责接待和参观访问的费用，并且免费安排他们在市内观光一天。这也符合他们的工作习惯。

金秀英：明白了，那他们需要承担往返机票和住宿的费用。如果需要的话，我会帮他们预订酒店的。

陈志平：好，就这样吧。小金，这事就交给你了。对了，你让他们在传真里写清准确的来访时间、住宿要求、房费预算和入住、离店日期。

金秀英：OK！您就放心好了。

范例话语分析

下属请示的话语策略

* 向领导提出请示的具体事项——陈经理，他们希望在11月底到12月中旬这段期间访问，预计停留三到五天，问我们公司什么时候方便。

* 进一步请示——您看，该怎么回复她呢？
* 接受任务——好的，我会告诉她。

         明白了。

         OK！您就放心好了。

领导的话语策略

* 作出决定——那就建议他们在十一月的最后一周来好了。

         三天时间太紧张了，这样吧——一天到达接待，一天工厂参观，

         一天公司会议，一天休闲观光，一天返程，正好是五天。

* 布置任务——还是按照惯例，我们可以负责接待和参观访问的费用，并且免
费安排他们在市内观光一天。
* 提醒下属注意——你让他们在传真里写清准确的来访时间、住宿要求、房费预
算和入住、离店日期。

请同学们联系自己设计的对话，与范例进行比较，谈谈对上下级之间计划行程
的口语用词及语气的看法。

词 汇

1.	申请 shēnqǐng	动词	向上级或有关部门说明理由，提出请求
2.	签证 qiānzhèng	名词	一个国家的出入境管理机构对外国公民表示批准入境所签发的一种文件
3.	抬头 táitóu	名词	信件、票收据上写收件人（收款人）或单位名称等的地方
4.	法人 fǎrén	名词	相对于自然人而言，法人是具有民事权利能力和民事行为能力，依法独立享有民事权利和承担民事义务的人或组织
5.	请示 qǐngshì	动词	下级机关向上级机关请求对某项工作、问题作出指示
6.	往返 wǎngfǎn	动词	一去一来；来回

练 习

一、词汇练习

1. 用自己的话解释下列词语并造句

（1）回复：

（2）请示：

（3）预计：

（4）承担：

2. 在下列词语后的横线上填出适当的词

安排＿＿＿＿＿＿＿＿　　申请＿＿＿＿＿＿＿＿　　预订＿＿＿＿＿＿＿＿　　符合＿＿＿＿＿＿＿＿

二、句子练习

1. 请将下列词语组成句子

（1）商量　我　想　您　一下　关于　跟　考察　去　公司　的　事项　贵

（2）这些　需要　用　文件　来　商务　签证　我们　申请

（3）接待　我们　费用　可以　和　参观　访问　的　负责

2. 请完成下列对话

（1）A：我们希望在 11 月访问，预计停留三到五天，不知贵公司何时方便？

　　B：＿＿＿＿＿＿＿＿＿＿＿＿＿＿＿＿＿＿＿＿＿＿＿＿＿＿＿＿。

（2）A：关于考察日程和费用，您看该怎么回复她呢？

　　B：＿＿＿＿＿＿＿＿＿＿＿＿＿＿＿＿＿＿＿＿＿＿＿＿＿＿＿＿。

（3）A：您看往返日期定在什么时间好呢？

　　B：＿＿＿＿＿＿＿＿＿＿＿＿＿＿＿＿＿＿＿＿＿＿＿＿＿＿＿＿。

（4）A：这事儿就交给你了。

B：_____。

三、范例理解

1. 请根据范例内容判断下列句子的正误

（　　）（1）美国利达公司打算邀请华宇公司的人员去进行商务考察。

（　　）（2）华宇公司需要承担往返机票和住宿费。

（　　）（3）金秀英和陈志平一起去美国商务考察。

（　　）（4）金秀英会帮利达公司考察人员预订酒店。

（　　）（5）陈志平认为三天的考察时间太短了。

2. 根据本课内容思考并回答问题

（1）与商务考察的对象洽谈考察事项时，应该怎样提出己方的要求？

（2）作为办事人员，怎样协调领导的要求与合作公司的意见？

（3）你们国家的商务考察安排与中国有什么相同与不同之处？

四、语篇练习

同学们两两分组，熟读范例，先由 A 方用自己的话将范例中华宇公司的商务考察安排向 B 方讲述一遍；B 方听后，对听到的内容提出至少三个问题，请 A 方回答。然后再交换练习。小组练习后，老师进行抽查。

五、实战演练

德国 SMZ 公司打算派一个由销售人员和工程师组成的八人小组，来北京考察双雁制药公司，时间初步定在十月。考察期间双方拟签订合作协议，因此双雁公司非常重视这次商务考察活动。请你代双雁公司制订一个邀请 SMZ 公司有关人员进行商务考察的日程表。

索赔与协商——处理投诉的策略

热身话题

● 在什么情况下会遭到对方索赔？

● 如果需要向对方索赔应当准备哪些资料？

● 遇到客户投诉时，应该怎样处理？

索赔、投诉与协商的表达

索赔：＊这批货运抵港口时发现受潮严重，我们要求退货！

＊我方已如约付款，可是你们却迟迟不交货，影响了我们的销售，我们
要求你们按合同规定赔偿我们的损失。

＊你们送来的货物次品率太高，无法正常销售，请给我们退款！

＊这次交通事故是由于你们公司的汽车刹车故障造成的，我要求你们无
条件赔偿所有费用，并承担相关责任！

投诉：＊我对你们的新产品不太满意，它总是出问题。

＊我现在住的房间实在太吵了，晚上我被行李电梯的声音弄醒了好几次！

＊这道菜的味道怎么跟以前不一样？是不是少了什么配料？

＊刚建好的新楼一下雨就漏，你们的房屋质量太差了！

协商：＊那您能具体说说产品都有哪些问题吗？

＊您的……出了问题，对此我们非常抱歉。您可以把它带来吗？我们会
好好检查一下。

*这是我们工作的疏忽，给您带来了不便，请原谅。

*我很理解您的心情，我们会尽全力弥补您的损失。

任务

金秀英接到日本友多公司的投诉电话，声称华宇公司卖出的速冻饺子检疫不合格，友多公司要求退货，并且要华宇公司赔偿其损失2万美元。请设计一个金秀英与友多公司村下志课长的对话。

要求

1. 友多公司实际亏损为8千美元，该公司认为按照原计划应赚取利润1.2万美元，因此索赔2万美元。对此金秀英有不同意见，她认为在货物的储存方面可能有问题，导致了食物的检疫超标。

2. 金秀英是销售部负责亚洲贸易的职员，不能作最后决定，需要请示上级才能作决定。

3. 在金秀英的质问下，友多公司的村下志课长不自信起来。设计对话时请根据双方的关系选用适合的词语及表达方式。

相关背景资料

处理投诉的十种技巧：

1. 永远对客户的合作心存感激。

2. 把每一个客户都当做是你唯一的客户。

3. 要全身心投入地为客户服务。

4. 用诚挚的态度耐心聆听客户的话语。

5. 对于积极和负面的消息，都要清楚地和客户沟通，并提出相应的意见和方法供客户选择。

6. 你的自信能够帮助客户建立起对你的信心。

7. 在整个过程中要主动地承担起责任，去帮助客户解决问题。

8. 让所有和你交谈的客户都感受到快乐。

9. 和客户建立一种恰当、友好的私人联络。

10. 遵守承诺，并总是能够让你的客户得到比预期更多的服务。

📝 范 例

（华宇食品贸易公司销售部办公室内，金秀英正在接电话）

村下志：您好！请问是华宇食品贸易公司销售部的金秀英小姐吗？我是日本友多贸易公司销售部的村下志。

金秀英：我是金秀英。村下课长，您好！很高兴接到您的电话！怎么样，最近身体健康吗？工作还顺利吧？

村下志：谢谢，托您的福，身体还不错。不过工作就没那么顺利了。

金秀英：怎么？难道我们的合作出现问题了？

村下志：是这样，我们在贵公司订购的速冻饺子本周一到港了，可是海关的卫生检疫报告显示饺子的菌落总数超标，不能在当地销售，这给我们公司带来了不小的损失，而且也影响了我们公司的形象。

金秀英：真的吗？我们公司一向最重视食品的卫生和质量，怎么会出现这样的情况呢？

村下志：这是贵公司应该向我们解释的。

金秀英：村下课长，您先消消气。我们公司一定会信守合同，保证信誉的。不过我想先问您几个问题，可以吗？

村下志：什么问题？你问吧。

金秀英：首先，您拿到的海关检疫报告是哪一天的？

村下志：本周一啊，怎么了？

金秀英：我们这边收到的信息是上周五晚上货物就到港了，我们也接到了贵公司的提货单。

村下志：这个……货物确实是上周五到的，由于适逢周末，海关休息，所以周一他们上班后过来进行了检验。还有什么问题？

金秀英：再有就是，现在是炎热的夏季，周末两天这批货是怎样保存的呢？

村下志：嗯……当然是放到冷库里了。这还用问吗？

金秀英：这个我相信。不过，这个冷库应该是贵公司自行联系的，与我们公司无关。对吗？

村下志：那倒是。不过……

金秀英：最后一个问题就是：贵公司希望怎样处理这件事呢？

村下志：我们认为这次事件导致我公司损失2万美元，贵公司应该负全责，赔偿我们的损失。

金秀英：村下课长，我个人认为，贵公司的要求不合理。第一，我们可以出具货物离港时的检验检疫合格报告，证明我们发出的货物没问题；第二，贵公司在上周五就提货了，那就意味着货物已与我方无关了，周末两天贵方自行处置这批货物，我有理由认为有可能是储存条件不佳导致检疫不合格；第三，贵方的检疫报告是本周一的，早已超出了交货时间，我方不应为此负责；第四，如果我没记错的话，这批货的售价是8千美元，贵公司怎么要求2万美元的赔偿？

村下志：金小姐果然是伶牙俐齿啊！我一下子还真说不上来。关于最后一点么，是因为我方预计这次能够净赚1.2万美元，再加上货款，总共是2万美元。我们是多年的生意伙伴了，彼此之间还是比较信任的。这次出了这么大的问题，损失也很惨重，请理解我们的心情。

金秀英：当然。我只是提出我个人的看法，并不代表领导的最后决定。这样吧，请您把海关的检疫报告给我们传真过来，然后我会跟领导请示，我们会尽快与您联系的。如果确实是我们的责任，我们可以理赔。

村下志：那好吧。我希望双方能最终达成谅解，毕竟我们已经合作了这么长时间了。

金秀英：您说得太对了，我们也很珍惜双方的合作关系。希望最后能有一个双方都满意的结果。

范例话语分析

投诉方的策略

*引出主题——谢谢，托您的福，最近身体还不错。不过工作就没那么顺利了。

*开门见山——这给我们公司带来了不小的损失，而且也影响了我们公司的形象！

*表达不满的语气——这是贵公司应该向我们解释的。

*提出索赔要求——我们认为这次事件导致我公司损失 2 万美元，贵公司应该负全责，赔偿我们的损失。

*在对方态度坚决时放缓语气——我们是多年的生意伙伴了，彼此之间还是比较信任的。这次出了这么大的问题，损失也很惨重，请理解我们的心情。

那好吧。我希望双方能最终达成谅解，毕竟我们已经合作了这么长时间了。

被投诉方的回应策略

*先与对方寒暄以缓和气氛——村下课长，您好！很高兴接到您的电话！怎么样，身体健康吗？工作还顺利吧？

*询问对方情况——怎么？难道我们的合作出现问题了！

*质疑对方的指责——真的吗？我们公司一向最重视食品的卫生和质量，怎么会出现这样的情况呢？

*平息对方的怒气——村下课长，您先消消气。我们公司一定会信守合同，保证信誉的。

*了解具体情况——我想先问您几个问题，可以吗？

贵公司希望怎样处理这件事呢？

*引导对方同意自己的观点——不过，这个冷库应该是贵公司自行联系的，与我们公司无关。对吗？

*表达自己的观点——村下课长，我个人认为，贵公司的要求不合理。

*留有余地的答复——当然。我只是提出我个人的看法，并不代表领导的最后决定。这样吧，请您把海关的检疫报告给我们传真过

> 来，然后我会跟领导请示，我们会尽快与您联系的。
> 如果确实是我们的责任，我们可以理赔。

 请同学们联系自己设计的对话，与范例进行比较，谈谈对处理投诉的口语用词及语气的看法。

📖 词 汇

1.	索赔	suǒpéi	动词	索取赔偿
2.	损失	sǔnshī	动词 / 名词	没有代价地消耗或失去（的东西）
3.	速冻	sùdòng	动词	迅速冷冻
4.	检疫	jiǎnyì	动词	对生物体及运输工具等进行的医学检验、卫生检查和隔离观察
5.	储存	chǔcún	动词	把物或钱存放起来，暂时不用
6.	超标	chāobiāo	动词	超过规定标准
7.	菌落	jūnluò	名词	由单个或多个细菌细胞生长繁殖到肉眼可见的子细胞的群落
8.	适逢	shì féng		恰好碰到
9.	炎热	yánrè	形容词	气候极热
10.	导致	dǎozhì	动词	引起；造成（常用于不好的结果）
11.	伶牙俐齿	língyá-lìchǐ		形容能说会道，灵活乖巧
12.	惨重	cǎnzhòng	形容词	（损失）极大
13.	谅解	liàngjiě	动词	了解实情后原谅或消除意见

练习

一、词汇练习

1. 用自己的话解释下列词语并造句

（1）损失：

（2）适逢：

（3）伶牙俐齿：

（4）惨重：

（5）谅解：

2. 在下列词语后的横线上填出适当的词

适逢_____　　导致_____　　达成_____

提出_____　　影响_____

二、句子练习

1. 请将下列词语组成句子

（1）公司　食品　一向　卫生　重视　我们　的　和　最　质量

（2）我们　收到　的　是　港　上周五　这边　晚上　信息　货物　到　了　就

（3）贵　不过　冷库　应该　公司　是　这个　联系　的　自行

（4）传真　您　把　海关　的　请　给　我们　检疫　过来　报告

2. 请完成下列对话

（1）A：怎么样，最近身体健康吗？工作还顺利吧？

　　　B：_____。

（2）A：难道我们的合作出现问题了？

      B：_____。

（3）A：我们公司一向最重视食品的卫生和质量，怎么会出现这样的情况呢？

      B：_____。

（4）A：_____？

      B：嗯……当然是放到冷库里了。这还用问吗？

（5）A：_____。

      B：那好吧。我希望双方能最终达成谅解，毕竟我们已经合作了这么长时间了。

三、范例理解

1. 请根据范例内容判断下列句子的正误

（　　）（1）村下志和金秀英是第一次联系。

（　　）（2）村下志所在的公司这次损失了不少钱。

（　　）（3）这批货是上周五到的，周末由华宇公司安排储存在冷库中。

（　　）（4）金秀英认为华宇公司不该为这件事负责。

（　　）（5）最后村下志的态度有一些转变，不再继续强硬。

2. 根据本课内容思考并回答问题

（1）你觉得这件事最后会怎么解决？双方能达成谅解吗？

（2）在遇到客户投诉时，被投诉方应作好哪些准备？

（3）你们国家对索赔与投诉的规定与中国有什么相同与不同之处？

四、语篇练习

同学们两两分组，熟读范例，先由 A 方用自己的话将范例中的投诉、索赔事件向 B 方讲述一遍；B 方听后，对听到的内容提出至少三个问题，请 A 方回答。然后再交换练习。小组练习后，老师进行抽查。

五、案例分析

风华公司去年从日本 SRB 公司进口了一批电子游戏产品，由于日方没有按合同规定的日期交货，给风华公司造成了 15 万元人民币的经济损失，因此风华公司向日方公司提出索赔要求。但 SRB 公司并不认同。对此，风华公司的理由是：如果 SRB 公司如期交货，由于当时市场上同类产品很少，按当时的行情，风华公司至少可以赢利 10 万元。但 SRB 公司误期两个月，这时市场上已出现了大量的同类产品，竞争非常激烈，产品价格也比两个月前降低了 10%。因此风华公司销售这批产品后反而亏损了 5 万元，盈亏相加，正好是 15 万元。整个经济损失应由 SRB 公司负责赔偿。但是 SRB 公司认为，根据他们的法律，对这种市场差价损失，是不负责赔偿的；而风华公司则认为，责任方应该赔偿。由于双方不能达成谅解，只好根据合同规定，提交中国仲裁委员会仲裁。

请试着分析这个案例，谈谈你的看法。

复习二

企业对外交流

实战演练

　　将本单元的商务主题做成纸条，请同学们按组选代表来抽取，然后进行准备。从每组中选出一位同学组成评委，每组分别按抽到的主题表演，最后由老师和全体评委一起点评，并选出优胜组（点评标准可参考下面的表格）。老师根据表现给每个学生第二单元的课堂表现评定成绩。

	内容符合	用词准确	语气适当	组员配合度	表演真实	**优胜组**
第一组						
第二组						
第三组						
第四组						
第五组						
......						

人员招聘——求职与面试

热身话题

● 你有过找工作的经历吗？请谈谈当时的情况。

● 如果你负责招聘销售部职员的话，会提哪些条件呢？

求职与面试的表达

求职：* 这是我的简历，请过目。

　　 * 我认为自己具备……工作的能力和经验。

　　 * 我认为自己适应能力很强，有高度责任感，思想成熟，能独立工作。

　　 * 我不怕压力，而且善于组织和领导一个团队去迎接各种挑战。

　　 * 可以大概介绍一下这个职位的收入情况吗？

　　 * 我对待遇方面没有特别的要求，更看重的是这份工作是否有发展前途。

面试：* 你能告诉我为什么想来我们公司工作吗？

　　 * 你对自己申请的职位是怎么看的？

　　 * 你以前有过相关的工作经验吗？

　　 * 你的简历做得不错，现在你能用三到五个词概括一下自己的优点吗？

　　 * 这个工作可能要经常出差，还有可能驻外工作，你能接受吗？

　　 * 一个星期之内我们会通知你面试的结果。

　　 * 看起来你的能力和经验都很适合这个工作，我们需要你这样的人才。

　　 * 如果我们雇用你，你什么时候可以开始上班？

任务

华宇公司在本公司网站上登出了招聘启事，要为销售部招聘一名负责非洲和中南美洲区的销售人员。笔试之后，由人力资源主管齐亚男和销售部经理陈志平对选出的30人进行了面试，最后他们选择了有销售经验的西班牙人马丁·佩雷斯。请为这次面试设计一个对话。

要求

1. 面试过程气氛轻松、自然，主考方尽力让受试者完全表现自我个性和特点。

2. 在面试中，马丁利用机会充分表现自己的优势，显得很自信，受到公司主管的关注并最终赢得了这份工作。

相关背景资料

1. 公司如何招聘新人？

通常公司会通过以下五种方式中的一种或几种进行人员招聘：内部招聘、广告招聘、参加招聘会、人才中介和猎头公司招聘。

（1）内部招聘：能够提升员工在企业内部的机会，促进发展和升职，成本较低，但有可能引起员工内部矛盾。

（2）广告招聘：通常通过各类媒体发布招聘信息，优点是媒体受众广，容易招到大量的候选人。不过由于需要浏览的申请材料数目过多，处理成本比较高，也比较费时。

（3）参加招聘会：优点是可以在参会时展示本公司的特色和专业领域，有一定的广告效用；同时可以了解业内其他公司的招聘情况；更重要的是能够跟应聘者面对面地谈话，及时筛选面试的候选人。但是需要专人负责，费时较多，而且招聘会次数有限，不够灵活及时。

（4）人才中介：招聘机构善于挑选，比较省时省力，也比较低调，避免企业信息过多地出现在各种媒体上。不过多数公司不会利用人才中介招聘大学毕业生，而是依靠他们寻找一些专业人士。

（5）猎头公司招聘：猎头公司了解市场和优秀人才，他们能够接触到求职市场上不活跃的人，并选到高质量的人才。不过猎头公司的费用是非常昂贵的。

2. 五险一金

（1）五险：养老保险、失业保险、医疗保险、工伤保险、生育保险。

（2）一金：住房公积金。

范 例

（华宇公司小会议室内，人力资源主管齐亚男和销售部经理陈志平正在与应聘者马丁·佩雷斯谈话）

齐亚男：佩雷斯先生，你好！请坐。

马丁：谢谢。您叫我马丁就行。

陈志平：你的简历我们看过了，看得出你是个性格开朗爱好广泛的人啊。

马丁：是的，我性格比较活泼外向，特别爱交朋友。我的朋友遍天下。

陈志平：很好。作为一个销售人员，拥有积极外向的性格的确是个优势。那你对我们公司有多少了解呢？

马丁：华宇公司是一个业界有名的外贸食品公司，旗下还有一家很大的食品厂和多家合作伙伴。华宇公司的产品范围很广，从零食、饼干、干果到乳制品、饮料、酒类等，品种繁多。近几年华宇公司发展很迅速，销售市场也在不断扩大……

陈志平：嗯，看来你之前做了不少功课啊。

马丁：是的。我非常珍惜这个工作机会，而且我向来不打无准备之仗。

齐亚男：说得好！知己知彼，百战百胜。那么，你是不是很了解自己呢？能不能用简单的几句话来概括一下自己的优点和缺点？

马丁：好的。我认为自己的优点是适应能力很强、有高度的责任心、思想成熟、善于交际。至于缺点嘛，我有时过于追求完美，对自己、对他人要求都比较高。

齐亚男：哈哈，你的缺点从某种角度讲也是优点啊，小伙子，你挺会说话的。

马丁：我是实话实说，这个缺点有时也挺困扰我的，因为有时我的搭档会埋怨我要求太严格。

齐亚男：既然知道自己的缺点在哪儿，平时就要特别留心一下，如果处理得恰当，缺点也能转化成优点啊。

马丁：谢谢您的指点，以后我会注意的。

齐亚男：不过，我也注意到你上个月刚从光辉公司辞职，方便告诉我们辞职的原因吗？

马丁：当然可以。您大概也知道，光辉公司是一家高科技公司，在那里最受重视的是技术研发部门，公司对市场销售并没有投入太多精力，而且近期内这种情况不会有太大改变。我在那里工作，总感觉缺少挑战和动力，所以我决定换个环境。

齐亚男：嗯，我也同意你的这个决定。

陈志平：你的汉语非常流利，在哪儿学的这么地道的汉语？

马丁：我上高中的时候选修了汉语作为第二外语，当时我的汉语老师是个非常风趣的中国老师，他开启了我对中国的强烈兴趣，所以上大学时我继续选修汉语课。大三时我还通过校际交流的方式来中国学习了一年。这一年里我游览了中国很多的名胜古迹，交了不少中国朋友，回国后，我一直在教授推荐的咨询公司做兼职助理和翻译，用赚来的钱游遍了欧洲，还去了非洲和美洲。所以我能够在不同文化背景的环境中顺利地工作。

齐亚男：很好，这种特点正是我们公司需要的。对于待遇你有什么特别的要求吗？

马丁：对我来说，收入并不是最重要的，我更重视这份工作是否有发展前途，是否有挑战性。这也是我希望来贵公司工作的主要原因。

齐亚男：好的。马丁，我们公司很看好你，如果聘用你的话，什么时候能来上班？

马丁：我现在没有什么事。如果公司需要用人的话，我可以马上开始上班。

陈志平：好啊，我们销售部正缺人手呢，你可以先过来熟悉环境。

齐亚男：那就这样吧，马丁，你从下周一开始来销售部工作。我们公司的规定是新人都有六个月的试用期，你虽然不是刚开始工作的新人，但是也有三个月的试用期。销售部职员的收入主要分为三部分：试用期底薪每月 3000 元，负责的项目有 1‰ 的提成，年终奖按业绩发放。试用期后底薪涨为 3500 元，以后底薪每年增长 10%-20% 不等。除此之外，公司会为你购买保险，每月还有一些交通补贴、午餐补贴和通信费。

> 马丁：非常清楚，我没有问题了。谢谢二位经理对我的信任！我会努力工作的！
>
> 齐亚男：没问题的话，明天上午9点请来人力资源部签劳务合同。
>
> 陈志平：那我们就下周一见吧！

范例话语分析

招聘方的言语策略

* 让应聘者多介绍自己——你的简历我们看过了，看得出你是个性格开朗爱好广泛的人啊！

  你是不是很了解自己呢？能不能用简单的几句话来概括一下自己的优点和缺点？

  不过，我也注意到你上个月刚从光辉公司辞职，方便告诉我们辞职的原因吗？

  你的汉语非常流利，在哪儿学的这么地道的汉语？

* 询问应聘者是否了解本公司——那你对我们公司有多少了解呢？

* 询问应聘者的要求——对于待遇你有什么特别的要求吗？

  如果聘用你的话，什么时候能来上班？

* 接受应聘者——那就这样吧，马丁，你从下周一开始来销售部工作。

  没问题的话，明天上午9点请来人力资源部签劳务合同。

  那我们就下周一见吧。

应聘方的回应策略

* 利用机会展现自我——是的，我性格比较活泼外向，特别爱交朋友。我的朋友遍天下。

  我认为自己的优点是适应能力很强、有高度的责任心、思想成熟、善于交际。至于缺点嘛，我有时过于追求完美，对自己、对他人要求都比较高。

  我上高中的时候选修了汉语作为第二外语，当时我的汉语老师是个非常风趣的中国老师，他开启了我对中国的强烈兴趣，所以上大学时我继续选修汉语课。大三时我还通过校际交流的方式来中国学习了一年。这一年里我游览了中国很多的名胜古迹，交了不少中国朋友，回国后，我一直在教授推荐的咨询公司做兼职助理和翻译，用赚来的钱游遍了欧洲，还去了非洲和美洲。所以我能够在不同文化背景的环境中顺利地工作。

*表达自己对工作的重视——我非常珍惜这个工作机会，而且我向来不打无准备之仗。

对我来说，收入并不是最重要的，我更重视这份工作是否有发展前途，是否有挑战性。这也是我希望来贵公司工作的主要原因。

我现在没有什么事。如果公司需要用人的话，我可以马上开始上班。

*表达自己的决心——谢谢二位经理对我的信任！我会努力工作的！

 请同学们联系自己设计的对话，与范例进行比较，谈谈对求职面试口语用词及语气的看法。

📖 词汇

1.	招聘	zhāopìn	动词	企事业单位为空缺的职位寻找合适人选
2.	简历	jiǎnlì	名词	对个人学历、经历、特长、爱好及其他有关情况所作的简明的书面介绍
3.	应聘	yìngpìn	动词	求职者接受聘请

4.	繁多	fánduō	形容词	种类多，数量大
5.	知己知彼， 百战百胜	zhījǐzhībǐ, bǎizhàn- bǎishèng		指对自己和竞争对手的情况都很了 解，根本就不用担心会失败
6.	困扰	kùnrǎo	动词	打扰，使感到难办
7.	搭档	dādàng	名词	合作伙伴
8.	埋怨	mányuàn	动词	因为事情不如意而对造成结果的人 或事物表示不满
9.	咨询	zīxún	动词	询问，征求意见
10.	底薪	dǐxīn	名词	最基本的工资
11.	提成	tíchéng	名词	企业根据员工的业务量或销售额， 按照一定的比例从盈利中给员工 发的钱
12.	补贴	bǔtiē	名词	贴补的费用

练 习

一、词汇练习

1. 用自己的话解释下列词语并造句

（1）不打无准备之仗：

（2）知己知彼，百战百胜：

（3）困扰：

（5）缺人手：

2. 在下列词语后的横线上填出适当的词

埋怨_____　　咨询_____　　_____合同

珍惜_____　　组织_____

二、句子练习

1. 请将下列词语组成句子

（1）优点　请　用　简单　的　一下　自己　的　和　缺点　几句话　概括

（2）我的　太　搭档　会　严格　我　有时　要求　埋怨

（3）文化　顺利　我　不同　环境中　的　背景　在　能够　工作

（4）发展　更　有　这份　工作　是否　我　前途　重视

2. 请完成下列对话

（1）A：那你对我们公司有多少了解呢？

　　　B：＿＿＿＿＿＿＿＿＿＿＿＿＿＿＿＿＿＿＿＿＿。

（2）A：你是不是很了解自己呢？能不能用简单的几句话来概括一下自己的优
　　　　　点和缺点？

　　　B：＿＿＿＿＿＿＿＿＿＿＿＿＿＿＿＿＿＿＿＿＿。

（3）A：如果聘用你的话，什么时候能来上班？

　　　B：＿＿＿＿＿＿＿＿＿＿＿＿＿＿＿＿＿＿＿＿＿。

（4）A：＿＿＿＿＿＿＿＿＿＿＿＿＿＿＿＿＿＿＿＿＿？

　　　B：对我说，收入并不是最重要的，我更重视这份工作是否有发展前途，
　　　　　是否有挑战性。

（5）A：＿＿＿＿＿＿＿＿＿＿＿＿＿＿＿＿＿＿＿＿＿。

　　　B：是的。我非常珍惜这个工作机会，而且我向来不打无准备之仗。

三、范例理解

1. 请根据范例内容判断下列句子的正误

（　　）（1）马丁是美国人。

（　　）（2）马丁上高中时曾经到中国学习了一年。

（　　）（3）马丁来应聘之前没有做过其他工作。

（　　）（4）销售部现在不着急用人。

（　　）（5）马丁下周一开始来华宇公司上班。

2. 根据本课内容思考并回答问题

（1）马丁是怎样利用一切机会展现自己的能力的？

（2）如果你是招聘方，说说马丁的哪些特点打动了你？

（3）你们国家的求职面试与中国有什么相同和不同之处？

四、语篇练习

同学们两两分组，熟读范例，先由 A 方用自己的话将范例中的面试情况向 B 方讲述一遍。B 方听后，对听到的内容提出至少三个问题，请 A 方回答。然后再交换练习。小组练习后，老师进行抽查。

五、案例分析

1. Sony 公司面试——"排排坐"

有时 Sony 公司面试会简单得令应聘者不知所措。应聘者苦苦等候了一小时，结果面试时间却不足十分钟，而且与自己同时参与面谈的居然多达五六人，几乎没有多少机会"表现自己"。这种"排排坐"的滋味很不好受。不过，当并排的某位应聘者口才一流、经验丰富时，其他应聘者的好胜心也会被激发出来，轮到自己发言时自然不会轻易放过机会，一定尽可能地展现自己的优势。

2. 惠普公司面试——"情景模拟"

惠普公司有时采用情景模拟的方式面试。比如销售部门招人，希望应聘者是比较活跃的、积极主动的，而不是内向的。为此目的，惠普会给应聘者一个题目，让他们进行小组讨论，并把这个讨论过程中每个人的表现作为一个评价应聘者的参考。

3. 西门子公司面试——"结构性面试"

西门子公司有一个全球性的人力资源题库。一个多小时的面试，前五分钟测什么，后十分钟测什么，非常严格，并且最后都有结论。西门子公司把这叫做"结构性面试"。依据是工作的要求，即这个职位到底需要一个什么样的人。

假设你是一个求职者，如果去上述公司应聘，读了上述案例后，你会怎样准备面试？

接受媒体采访——宣传与广告

热身话题

● 你接受过媒体采访吗？你觉得接受采访时应该怎样回答提问？

● 请你设想一下，如果你代表公司接受采访，应该怎样准备？

宣传与采访的表达

采访提问用语：＊请您谈谈你们公司的经营理念。

＊你们公司这几年发展势头很好，有哪些成功经验呢？

＊你们公司的人才战略很受好评，可以跟观众们分享一下经验吗？

＊在全球经济衰落的大环境中，你们公司是如何突破困境发展自我的？

＊作为一个新兴公司，你们是怎么在激烈的行业竞争中站稳脚跟的？

接受采访用语：＊我们公司历来重视产品质量。

＊质量是企业的生存之本。

＊我们公司非常重视人才的引进和利用，以及人才的发展。

＊我认为我们能够站稳脚跟主要是因为找准了定位，树立了正确的发展方向。

任务

华宇公司外方总经理李响在公司接受市电视台《财富快车》栏目记者采访，请设计一个采访的对话。

要求

1. 在采访中，主持人主要问到了三个问题：（1）华宇公司怎样在全球经济衰落的情况下发展外贸业务；（2）华宇公司参加公益活动的目的；（3）作为中外合资公司的外方管理者，李响是怎样处理中外企业文化差异的。

2. 新闻采访一般双方都使用比较正规的书面语，请选用适合的词语。

相关背景资料

中国财经类电视节目分类：

1. 资讯综合类财经节目，主要为观众提供财经类即时资讯。以中国金融市场、证券市场以及商品市场上的市场行情和交易信息为报道内容。如：CCTV-2 的《证券时间》，第一财经频道的《环球第一财经》、《今日股市》等。

2. 谈话类财经节目，通常为谈话形式，主持人和嘉宾就经济金融热点、宏观经济决策难点等问题进行深度挖掘和观点碰撞。如：CCTV-2 的《对话》，第一财经的《头脑风暴》等。

3. 评论类财经节目，选择重大经济事件、业界风云人物作为报道的焦点，客观报道经济事件、透彻分析经济现象、准确把握经济脉搏。如：CCTV-2 的《经济半小时》、《中国财经报道》等。

4. 故事类财经节目，以经济人物、财经故事为题材，用叙述的手法解析商界人物的致富传奇、商业领域的热点事件、财经领域的近期变动等。如：CCTV-2 的《财富故事会》，CCTV-7 的《致富经》等。

范 例

（华宇公司总经理办公室）

记者：李总，您好！首先感谢您抽时间接受我们电视台《财富快车》栏目的采访。

李响：您好！您太客气啦！我才应该感谢市电视台对我们华宇公司的关注。

记者：那好，为了不耽误您的工作，我们就开门见山了。

李响：好的，请尽管问吧，我保证知无不言。

记者：本次采访主要有三个问题。首先，是关于华宇公司的发展。我们都知道，目前全球的经济普遍比较低迷，因此中国的外贸企业也都受到了很大的冲击，可是华宇公司作为一家外贸食品公司，近几年的营业额却一直逆市上扬，能跟观众分享一下你们的成功经验吗？

李响：您说得很对，全球经济低迷确实对出口业务有一定的影响，不过我们公司的产品经营范围比较广，就好像把一箱鸡蛋分开放在很多个不同的篮子中，此消彼长，也就分散了风险。所以在出口方面，我们的损失很小。而且我们不断在开发新产品，也不断在开拓新的市场，最近我们与非洲和中南美洲一些新兴的发展中国家的外贸公司都建立了合作关系，这也减轻了不少欧美市场萎缩带来的冲击。更重要的是，我们利用人民币升值的机会，大力发展了进口业务。随着中国人生活水平的提高，人们对生活品质有了更多的追求，高档巧克力、葡萄酒、咖啡等也进入了寻常百姓家，而且人们对这些进口食品的需求是成倍增长的。

记者：看来，华宇公司准确把握了市场的走势，为公司的发展作好了定位。

李响：可以这么说。我们公司非常重视研究市场动向，随时关注全球经济发展。

记者：华宇公司近几年发展迅猛，也受到了外界越来越多的关注。我们注意到，这一两年你们公司频频出现在各类公益活动中，之前四川汶川地震、青海玉树地震、南方几省洪涝灾害时，华宇公司捐献的赈灾款都非常高。上个月你们公司为远郊区的振华希望小学捐献了一批电脑和 10 万元钱，这个月又赞助我市青少杯足球赛，您自己还是市敬老院的志愿者，这些善举受到了人们的赞扬，同时也引来了一些怀疑的声音。有人说你们这么做是为了作秀、打广告。对此，您怎么看？

李响：我自己出身贫寒，了解贫穷的滋味，也是得到了不少好心人的帮助才成长起来的。我和哥哥小时候跟随父母去了法国，刚开始我们的生活特别艰难，父母一天打好几份工养家，要是没有周围那些热心邻居的帮助和照顾，我和哥哥也不会有今天。所以我在有经济能力之后，一直在做一些力所能及的事。现在我们公司渐渐有了些影响力，我认为我们应该带头努力回馈社会，帮助那些有需要的人，这些公益活动我们一定会继续做下去的，也希望越来越多的公司和个人能加入到我们的行列中来。

记者：您说得太好了。我还有最后一个问题——华宇公司是一家中外合资企业，员工也并不都是中国人，不同文化背景的员工在一起工作会不会产生一些文化的碰撞？作为公司的管理者，您是怎样对待中外企业文化差异的呢？

李响：你提的正是我一直在探索的问题。我们的员工以中国人为主，还有一些来自法国、美国、西班牙等国家。就像您说的，由于文化背景不同，有时不同国家的员工之间会出现误解或分歧，我认为这大多是由于沟通不畅和不了解对方文化造成的。所以我们公司经常组织员工们举行一些集体活动，包括登山、打网球、踢足球等体育活动，唱歌、跳舞、看演出等文艺活动，每年至少集体旅游两次，每逢公司内员工国家的重大节日都会举行节日主题聚会，等等。目的就是让不同文化背景的员工增进了解，消除误解和偏见。我感觉通过这几年的努力，公司里同事之间的感情更融洽了。

记者：谢谢李总耐心的回答。我们今天的采访就到这里吧。

李响：谢谢您！

范例话语分析

采访者的提问策略

*感谢对方接受采访——首先感谢您抽时间接受我们《财富快车》栏目的采访！

*进入主题——华宇公司作为一家外贸食品公司，近几年的营业额却一直逆市上扬，能跟观众分享一下你们的成功经验吗？

这些善举受到了人们的赞扬，同时也引来了一些怀疑的声音。

有人说你们这么做是为了作秀、打广告。对此，您怎么看？

不同文化背景的员工在一起工作会不会产生一些文化的碰撞？

作为公司的管理者，您是怎样对待中外企业文化差异的呢？

* 总结对方的观点——看来，华宇公司准确把握了市场的走势，为公司的发展作好了定位。

* 结束采访——谢谢李总耐心的回答。我们今天的采访就到这里吧。

受访者的回应策略

* 礼貌回敬——您太客气啦！我才应该感谢市电视台对我们华宇公司的关注。

* 表示配合的态度——好的，请尽管问吧，我保证知无不言。

* 解答对方的问题——您说得很对，全球经济低迷确实对出口业务有一定的影响，不过……

　　　　　　　　　可以这么说。我们公司非常重视研究市场动向，随时关注全球经济发展。

　　　我自己出身贫寒，了解贫穷的滋味……这些公益活动我们一定会继续做下去的，也希望越来越多的公司和个人能加入到我们的行列中来。

　　　由于文化背景不同，有时不同国家的员工之间会出现误解或分歧，我认为这大多是由于沟通不畅和不了解对方文化造成的。所以我们公司经常组织……目的就是让不同文化背景的员工增进了解，消除误解和偏见。我感觉通过这几年的努力，公司里同事之间的感情更融洽了。

 请同学们联系自己设计的对话，与范例进行比较，谈谈对采访过程中双方用语的看法。

📖 词 汇

1.	栏目	lánmù	名词	媒体（广播、电视、杂志、报纸等）中按照内容分成的有名称的部分
2.	开门见山	kāimén-jiànshān		比喻说话或写文章直截了当

3.	知无不言	zhīwúbùyán		凡是知道的都会说出来
4.	低迷	dīmí	形容词	多形容经济萧条，不景气
5.	冲击	chōngjī	动词	干扰或打击使受到影响
6.	逆市上扬	nìshì shàngyáng		本为股市术语，课文中指整体不好的情况下，这一部分却能有所发展
7.	分享	fēnxiǎng	动词	与他人共同享受、使用
8.	此消彼长	cǐxiāo-bǐzhǎng		这个方面减少了，另外那个方面却增长了
9.	弥补	míbǔ	动词	把不够的部分填足；赔偿
10.	萎缩	wěisuō	动词	指经济衰退
11.	寻常	xúncháng	形容词	平常；普通
12.	走势	zǒushì	名词	事物发展的趋势和走向
13.	频频	pínpín	副词	表示动作或情况在一定时间或范围内重复出现
14.	志愿者	zhìyuànzhě	名词	自愿为社会公益事业及各种体育赛事、会议等服务的人
15.	作秀	zuòxiù	动词	利用媒体宣传等途径提高自身的知名度；也指弄虚作假，装样子骗人
16.	贫寒	pínhán	形容词	穷苦
17.	回馈	huíkuì	动词	回报，报答
18.	分歧	fēnqí	名词	（思想、意见等）不一致的地方
19.	融洽	róngqià	形容词	彼此感情很好，没有矛盾

练 习

一、词汇练习

1. 用自己的话解释下列词语并造句

（1）开门见山：

（2）知无不言：

（3）逆市上扬：

（4）此消彼长：

（5）作秀：

2. 在下列词语后的横线上填出适当的词

耽误＿＿＿＿＿　　　分享＿＿＿＿＿　　　把握＿＿＿＿＿

回馈＿＿＿＿＿　　　弥补＿＿＿＿＿

二、句子练习

1. 请将下列词语组成句子

（1）对　关注　感谢　市　电视台　我们　公司　的　华宇

（2）你　经验　能　跟　一下　成功　吗　分享　观众

（3）一定　经济　低迷　确实　全球　对　业务　有　的　影响　出口

（4）公司　准确　走势　把握　了　的　市场

2. 请完成下列对话

（1）A：首先感谢您抽时间接受我们《财富快车》栏目的采访。

　　　B：＿＿＿＿＿＿＿＿＿＿＿＿＿＿＿＿＿＿＿＿＿＿＿＿＿＿＿。

（2）A：为了不耽误您的工作，我们就开门见山了。

   B：＿＿＿＿＿＿＿＿＿＿＿＿＿＿＿＿＿＿＿＿＿＿。

（3）A：能跟观众分享一下你们的成功经验吗？

   B：＿＿＿＿＿＿＿＿＿＿＿＿＿＿＿＿＿＿＿＿＿＿。

（4）A：＿＿＿＿＿＿＿＿＿＿＿＿＿＿＿＿＿＿＿＿＿＿。

   B：可以这么说。我们公司非常重视研究市场动向，随时关注全球经济发展。

三、范例理解

1. 请根据范例内容判断下列句子的正误

（ ）（1）李响在电视台接受采访。

（ ）（2）记者有三个问题要提问。

（ ）（3）华宇公司没有受到全球经济低迷的影响。

（ ）（4）李响参加公益活动是为了给公司打广告。

（ ）（5）华宇公司的员工大部分是中国人。

2. 根据本课内容思考并回答问题

（1）华宇公司的营业额为什么会逆市上扬？

（2）为什么有人会怀疑华宇公司做公益活动的目的？

（3）华宇公司是怎样帮助员工增进了解、消除误解和偏见的？

四、语篇练习

  同学们两两分组，熟读范例，先由 A 方用自己的话将范例中的采访内容向 B 方讲述一遍；B 方听后，对听到的内容提出至少三个问题，请 A 方回答。然后再交换练习。小组练习后，老师进行抽查。

五、实战演练

前不久华宇公司参与市电视台的广告招投标，第一次参与就竞标成功，对此有不少人都怀疑华宇公司靠不正当手段赢得了这个机会。为此，《城市日报》的记者对华宇公司总经理李响进行了专访。请你为他们设计一个采访对话。

第 13 课

视频会议——工作进程展示及业务商讨

热身话题

● 你参加过视频会议吗？跟现场会议有什么不同？

● 你参加过工作讨论会吗？需要作什么准备？

工作及业务讨论的表达

工作进程：* 与……公司的合作正在谈判中。

* 与……公司的……项目合同已经签订完成。

* 正在与……公司接洽……项目。

* 关于……项目，已经与……取得了联系。

* ……货物已经付运。

* ……产品已经投产 / 下线。

* 新引进的生产线已经投入使用。

* ……展会的准备工作已经完成。

业务商讨：* 根据客户要求，我们能否更改一下……

* ……公司的产品价格上涨了，我们是否继续购入？

* 受……影响，我们的产品不能如期交货，能否延期一个月？

* 由于……原因，我们的货款只能分期支付，您看，……可以吗？

* 上个月……国突然调高了关税，因此我方的产品报价也不得不进

行调整，请谅解！

任务

销售部经理陈志平在欧洲出差，销售部的职员们通过视频会议向他汇报工作并进行业务商讨。请为他们设计一个进行视频会议的对话。

要求

1.方可欣汇报美国利达公司的订单已经完成生产，金秀英汇报日本友多公司投诉索赔事情的处理情况，马丁汇报与智利客户联络的情况。

2.设计对话时，请根据双方的关系（如客户之间、上下级之间等）选用适合的词语及表达方式。

相关背景资料

企业内部进行有效沟通的要素：

1.速度。好的组织形式是更快地对客户的需求作出反应，能够比从前或比竞争者更快地带给市场新的产品，更快地改变经营策略，规模必须让位于速度。

2.灵活性和弹性。员工必须从事多方面的工作，不断学习新的技能，积极地改变自己的岗位和职责。应该对岗位和职责的模糊化持乐观态度。

3.整合能力。不断变化的市场和不断变化的竞争，要求企业组织需要不断整合内部成员、资源、业务、流程。

4.创新。不断寻找新的方法，寻找与众不同的、甚至是难以置信的方法和途径。

范例

（华宇公司销售部办公室内，方可欣、金秀英和马丁围坐在会议桌前，通过电脑显示器与身在法国的经理陈志平进行视频会议）

方可欣：陈经理，您好！我们都到齐了。

陈志平：那好，我们就开始吧。你们几个这几天还好吧？

金秀英：我们都挺好的。您在法国怎么样？最近欧洲的天气好像不太好。

陈志平：谢谢你们的关心，我很好。外面确实很冷，不过屋子里非常暖和，放心吧。

马丁：那就好。千万要注意身体！

陈志平：现在我们言归正传吧。你们都谈谈工作的进度。从小方开始吧。

方可欣：好的。我负责的美国利达公司的那批货，周二已经完工了，现在正在办理运输手续。预计最晚下周一可以离港。

陈志平：嗯，还要尽量争取早发货，以免中间遇到什么问题影响交货时间。

方可欣：知道了。我会的。我制订了这周的工作进度表和下周的工作计划，给您邮箱里发了一份。

陈志平：好，我看完给你回复。小金，日本友多公司的事处理得怎么样了？

金秀英：我跟友多公司的村下科长又交涉了几次，目前基本按照我们的预想达成了谅解，就是友多公司承担责任，我们公司出于友情考虑，以八折的优惠价再给他们提供同等数量的速冻饺子救急。村下科长也接受了。

陈志平：很好。虽然这次不是我们的过错，但是友多公司是我们的老客户，还是要注意维持长期的合作关系。

金秀英：我明白。我会继续处理这件事的，有进展随时跟您联系。

陈志平：这事就交给你了，我们多沟通。马丁，你的工作进展怎么样？

马丁：陈经理，您交代的任务我正在做。我跟智利那边的三家贸易公司都联系过，他们都对我们的产品很感兴趣。我打算下周给他们发一些样品和宣传品。

陈志平：好的。马丁的效率挺高的嘛！你告诉他们如果对我们的样品感兴趣的话，欢迎他们来我们公司考察。

马丁：是，我会的。我对这三家公司的信息作了收集和整理，包括他们的经营范围、公司规模、营销方式以及主要合作伙伴等，也进行了初步的合作可行性分析。如果您需要的话，我这就发给您。

陈志平：好，我想马上就看看。你尽快发过来吧。

方可欣：我们的工作都汇报完了，陈经理，您看还有什么要交代的？

陈志平：你们的工作都开展得不错，继续按计划做吧。明天我们在巴黎的会议

就结束了。会后我们会去波尔多参观几家酒厂，还有一个小型的食品商座谈会。下
周二的飞机回国。

　　金秀英：那祝您一切顺利！

　　马丁：一路平安！

　　陈志平：谢谢！下周再见吧。有事我们再联系。

范例话语分析

上级的言语策略

* 问候下级——你们几个这几天还好吧？

* 进入正题——现在我们言归正传吧。你们都谈谈工作的进度。从小方开始吧。

* 询问工作进展——小金，日本友多公司的事处理得怎么样了？

　　　　　　　　马丁，你的工作进展怎么样？

* 安排工作——还要尽量争取早发货，以免中间遇到什么问题影响交货时间。

　　　　　　　虽然这次不是我们的过错，但是友多公司是我们的老客户，还

　　　　　　　是要注意维持长期的合作关系。

　　　　　　　我想马上就看看。你尽快发过来吧。

* 对下级工作表示赞许——马丁的效率挺高的嘛！

　　　　　　　　　　你们的工作都开展得不错，继续按计划做吧。

* 介绍自己的工作情况——明天我们在巴黎的会议就结束了。……下周二的飞

　　　　　　　　　　机回国。

下级汇报的言语策略

* 会议开始——我们都到齐了！

* 关心问候上级——我们都挺好的。您在法国怎么样？最近欧洲的天气好像不

　　　　　　　太好。

　　　　　　　千万要注意身体！

* 汇报工作——我负责的美国利达公司的那批货，周二已经完工了，现在正在

　　　　　　　办理运输手续。预计最晚下周一可以离港。

> 我跟友多公司的村下科长又交涉了几次，目前基本按照我们的
> 预想达成了谅解……
> 我跟智利那边的三家贸易公司都联系过，他们都对我们的产品
> 很感兴趣。我打算下周给他们发一些样品和宣传品。

 请同学们联系自己设计的对话，与范例进行比较，谈谈对业务会议口语用词及语气的看法。

词 汇

1.	视频	shìpín	名词	电视等系统中图像信号所包括的范围
2.	显示器	xiǎnshìqì	名词	电脑的输入输出设备
3.	言归正传	yánguīzhèngzhuàn		指说话或写文章转回到正题上来
4.	进度	jìndù	名词	进展的速度
5.	交涉	jiāoshè	动词	与对方相互协商以便解决有关问题
6.	救急	jiùjí	动词	解救危急；帮助解决突然发生的伤病或其他急难
7.	维持	wéichí	动词	保持使继续存在
8.	交代	jiāodài	动词	嘱咐
9.	智利	Zhìlì	专名	南美洲国家
10.	可行性	kěxíngxìng	名词	指（方案、计划等）所具备的可以实施的特性
11.	波尔多	Bō'ěrduō	专名	法国的一个城市

练 习

一、词汇练习

1. 用自己的话解释下列词语并造句

（1）言归正传：

（2）交涉：

（3）救急：

（4）交代：

2. 在下列词语后的横线上填出适当的词

汇报＿＿＿＿＿＿　　　　办理＿＿＿＿＿＿　　　　达成＿＿＿＿＿＿

维持＿＿＿＿＿＿

二、句子练习

1. 请将下列词语组成句子

（1）争取 要 发货 尽量 早 你

（2）感 都 对 我们 他们 的 很 兴趣 产品

（3）我 给 您 一份 这 三家 公司 发 的 简介

（4）会议 明天 结束 巴黎 的 在 就 了 我们

2. 请完成下列对话

（1）A：你们几个这几天还好吧？

　　　B：＿＿＿＿＿＿＿＿＿＿＿＿＿＿＿＿＿＿＿＿＿＿＿＿＿＿＿。

（2）A：日本友多公司的事处理得怎么样了？

　　　B：＿＿＿＿＿＿＿＿＿＿＿＿＿＿＿＿＿＿＿＿＿＿＿＿＿＿＿。

（3）A：马丁，你的工作进展怎么样？

　　　B：＿＿＿＿＿＿＿＿＿＿＿＿＿＿＿＿＿＿＿＿＿。

（4）A：＿＿＿＿＿＿＿＿＿＿＿＿＿＿＿＿＿＿＿＿？

　　　B：我想马上就看看。你尽快发过来吧。

（5）A：＿＿＿＿＿＿＿＿＿＿＿＿＿＿＿＿＿＿＿＿？

　　　B：谢谢你们的关心，我很好。

三、范例理解

1. 请根据范例内容判断下列句子的正误

（　　）（1）陈志平在法国与中国的同事们进行视频会议。

（　　）（2）方可欣负责的那批货已经交运了。

（　　）（3）金秀英负责的索赔事件还没有结束。

（　　）（4）马丁跟三家智利公司签订了合同。

（　　）（5）陈志平接下来要去波尔多参观。

2. 根据本课内容思考并回答问题

（1）陈志平为什么让方可欣尽量争取早发货？

（2）金秀英负责的日本友多公司索赔事件，不是华宇公司的失误，为什么还要给友多公司优惠价呢？

（3）请谈谈视频会议的优缺点。

四、语篇练习

　　同学们两两分组，熟读范例，先由 A 方用自己的话将范例中的视频会议内容向 B 方讲述一遍；B 方听后，对听到的内容提出至少三个问题，请 A 方回答。然后再交换练习。小组练习后，老师进行抽查。

五、实战演练

请你为马丁和智利某外贸公司的负责人设计一个视频对话，通过对话，马丁邀请这位负责人来华宇公司考察，并与其商定了考察活动的相关内容。

第 14 课

拓展训练及培训——团队合作与协调

热身话题

● 你参加过团队拓展训练吗？对此了解多少？

● 你参加过培训吗？你认为培训有什么重要性？

拓展训练与培训的表达

拓展训练体验：＊拓展不仅是训练，还有很强的娱乐性，真是寓教于乐啊。

＊现在的拓展训练既是一种身心的放松和探索，同时也非常强调团队意识。

＊我第一次参加拓展训练，依靠团队的力量完成了那么多高难度的动作和任务，我觉得很自豪。

咨询及介绍培训：＊这次培训都有哪些项目？

＊哪些员工有资格参加这个培训课程？

＊要有一个竞争性的选拔过程。

＊培训项目大概需要多长时间？

＊我们有专门培养……的培训课程，叫……，项目的重点是帮助……提高……能力。

＊公司准备挑选三名员工参加下个月举行的一个销售人员培训班。

✎ 任 务

周五，华宇公司全体员工参加了美联拓展公司的野外拓展训练。在回城的汽车上，销售部的职员们聊起了参加拓展训练的体会，以及自己参加培训的计划。请为他们设计一段对话。

🔍 要 求

1. 大家都认为拓展训练有助于培养团队精神，纷纷表示这次的活动很有意义。

2. 来自西班牙的马丁第一次参加拓展训练，他非常兴奋地与同事们分享训练体验。

3. 公司鼓励员工们参加业余培训，并给报销一定的费用，因此职员们都踊跃报名。

相关背景资料

拓展训练的英文是 Outward Development，起源于第二次世界大战。通常利用高山、湖泊、大海等自然环境，通过精心设计的活动达到"磨练意志、陶冶情操、完善人格、熔炼团队"的培训目的。课程主要由水、陆、空三类课程组成。水上课程包括游泳、跳水、扎筏、划艇等；野外课程包括远足露营、登山攀岩、野外生存技能训练等；场地课程是在专门的活动场地上，利用各种训练设施，开展各种团队组合课程及攀岩、跳越等训练活动。

📖 范 例

（在回城的大巴车上）

陈志平：马丁，你以前参加过拓展训练吗？这次感觉怎么样？

马丁：这是我第一次参加拓展训练，觉得特别有意思。因为我是新来的，跟同事们接触比较少，大家平时也很忙，通过这次拓展，我们之间也增进了不少了解。你说呢，小方？

方可欣：那当然了。平时大家在公司里主要是忙工作，都比较严肃，而拓展不仅是训练，还有很强的娱乐性，我觉得这才真是寓教于乐啊。

金秀英：没错。分组比赛时我紧张得要命，生怕自己队输了，现在回想起来觉得挺好玩的，而且完成了以后特别有成就感。

陈志平：那你们说说这次拓展跟上次比怎么样？

方可欣：怎么说呢，各有千秋吧。上次的拓展似乎更注重回归自然、寻找自我价值，是一种身心的放松和探索；这次的好像非常强调团队意识。

金秀英：没错儿。我觉得这次拓展结束以后，咱们公司更团结了。可能是因为大家都认识到团结的力量了吧。

马丁：因为我是第一次参加拓展训练，所以觉得挺震撼的。没想到依靠团队的力量能完成那么多高难度的动作和任务。

陈志平：是啊。要不怎么说"人心齐泰山移"呢。

马丁：这句话可真有中国特色啊！我想起来以前学过一个成语，也是跟移山有关系的，中国人干吗总跟山过不去呢？

陈志平：哈哈哈，马丁你这说法我头一次听说，挺有意思的。你学的那个成语是不是"愚公移山"？

马丁：对对对，就是"愚公移山"。那个成语故事我还记得，当时中国朋友也给我讲了它的意思，不过我还是不太能理解那位"愚公"的想法。

陈志平：哦，这"移山"的事在古代是不太现实的，我们中国人这么说主要表现的是一种坚持、不轻易放弃的精神，还有就是我们中国人一直强调的"团结的力量"。

马丁：嗯。据我了解，中国的传统文化很重视集体的合作；而在我们国家，如何显示出自我的独特性更重要。

方可欣：马丁，陈经理说的是我们的传统思想，现在的年轻人也是非常注重展现个性的。

马丁：我也感觉到了。要是既能保持那些好的传统，又发展个性的话，中国的年轻人就无敌啦！

方可欣：这就是我们的发展方向啊。呵呵！

金秀英：对了，陈经理，刚才在训练基地，李总说的参加培训是怎么回事啊？

陈志平：哦，本来打算回去开个会传达呢，既然咱们部门的人都在这儿，索性就先说了吧。为了提高员工的能力，公司跟几大培训机构合作，支持我们的员工报名参加培训班，公司可以给报销一定的费用。

方可欣：都有什么培训项目呢？

陈志平：周一你们会收到一封公开信，里面会有具体的情况，我记得的有外语培训班，包括英语、法语、日语、德语、西班牙语等；还有财会班，包括会计、统计等；还有公关班，包括商务礼仪文化、公共关系讲座等；还有一些管理课程什么的。

马丁：每个职员都可以报名吗？

陈志平：每人都可以报名，不过每个班有一定的人数限制，如果报名人数超过了，可能就要协调一下。这个不要紧，因为我们是长期合作，所以你可以先上一个班，下次再学另一个。

金秀英：那费用怎么交呢？

陈志平：公司规定先由个人交培训费，凭培训班的发票，先报销一半的培训费，学完通过考试的，再凭合格证书报销另一半费用。怎么样，有吸引力吧？

马丁：太好啦！我打算报个商务礼仪文化班好好学习一下，这样才能更好地跟中国人打交道。

方可欣：好主意。我正想自学会计呢，我要报会计班。小金，你呢？

金秀英：我打算去听听公共关系讲座。陈经理也要参加培训吗？

陈志平：你们都这么踊跃，我也不能落后啊！我先报个销售管理班提高一下。

范例话语分析

提问的策略

*询问感受——马丁，你以前参加过拓展训练吗？这次感觉怎么样？

　　　　　　　这次拓展跟上次比怎么样？

　　　　　　　怎么样，有吸引力吧？

*询问消息——刚才在训练基地，李总说的参加培训是怎么回事啊？

都有什么培训项目呢？

每个职员都可以报名吗？

那费用怎么交呢？

回应的策略

＊回答自己的感受——我觉得特别有意思。

怎么说呢，各有千秋吧。上次的拓展似乎更注重回归自然、寻找自我价值，是一种身心的放松和探索；这次的好像非常强调团队意识。

因为我是第一次参加拓展训练，所以觉得挺震撼的。没想到依靠团队的力量能完成那么多高难度的动作和任务。

＊表示赞同——没错儿。我觉得这次拓展结束以后，咱们公司更团结了。可能是因为大家都认识到团结的力量了吧。

是啊。要不怎么说"人心齐泰山移"呢。

＊表达自己的看法——你们都这么踊跃，我也不能落后啊！我先报个销售管理班提高一下。

 请同学们联系自己设计的对话，与范例进行比较，并且说一说自己对拓展训练和参加各种培训的看法。

词 汇

1.	拓展	tuòzhǎn	动词	扩充，展开；拓展训练，常在户外进行，也叫外展训练
2.	培训	péixùn	动词	有组织地对知识、技能、信息等进行传递和训练
3.	协调	xiétiáo	动词	正确处理各种关系，使其配合得适当
4.	寓教于乐	yùjiàoyúlè		在带给人们快乐的同时，也对人们进行教育和帮助

5.	踊跃	yǒngyuè	形容词	激动兴奋的样子
6.	成就感	chéngjiùgǎn	名词	指一个人为自己所做的事情所产生的愉快或成功的感觉
7.	回归	huíguī	动词	回到，返回
8.	震撼	zhènhàn	动词	指心灵受到强烈的冲击和感动
9.	愚公移山	yúgōng-yíshān		比喻只要坚持不停做某种事情，就能取得最后的成功
10.	基地	jīdì	名词	作为发展某种事业基础的地区
11.	索性	suǒxìng	副词	直截了当，干脆
12.	报销	bàoxiāo	动词	把领用款项或收支账目开列清单、附上单据，报请主管部门核销

练 习

一、词汇练习

用自己的话解释下列词语并造句

（1）寓教于乐：

（2）枯燥：

（3）成就感：

（4）震撼：

（5）踊跃：

2. 在下列词语后的横线上填出适当的词

回归_____　　报销_____　　参加_____　　强调_____

二、句子练习

1. 请将下列词语组成句子

（1）的 传统 重视 中国 很 合作 集体 的 文化

（2）自然 的 拓展 似乎 上次 注重 回归 更

（3）职员 都 可以 吗 报名 每个

（4）打算 去 听听 我 关系 讲座 公共

2. 请完成下列对话

（1）A：你是第一次参加拓展训练吗？感觉怎么样？

　　　B：_____。

（2）A：这次拓展跟上次比怎么样？

　　　B：_____。

（3）A：李总说的参加培训是怎么回事啊？

　　　B：_____。

（4）A：_____？

　　　B：是的，每人都可以报名。

（5）A：_____？

　　　B：你们都这么踊跃，我也不能落后啊！

三、范例理解

1. 请根据范例内容判断下列句子的正误

（　　）（1）华宇公司只有销售部的职员周五去参加了拓展训练。

（　　）（2）马丁觉得拓展训练非常有趣。

（　　）（3）方可欣觉得这次的拓展训练更注重团队精神的培养。

（　　）（4）陈志平决定给职员们增加培训的机会。

（　　）（5）销售部的员工都决定了自己要报的培训班。

2. 根据本课内容思考并回答问题

（1）从课文中可以知道，这次的拓展训练怎么样？

（2）培训班的内容受员工们的欢迎吗？为什么？

（3）你对拓展训练了解多少？谈谈你所知道的相关情况。

四、语篇练习

同学们两两分组，熟读范例，先由 A 方用自己的话将范例中关于拓展训练和培训的内容向 B 方讲述一遍；B 方听后，对听到的内容提出至少三个问题，请 A 方回答。然后再交换练习。小组练习后，老师进行抽查。

五、案例分析

员工管理的六大目标及其实现

阿布雷在其所著的《管理的演进》（*The Management Evolution*）中提出了"管理的十大要领"，在这十大要领中有六项是关于员工管理的，可见在公司中人员管理的重要性。这六项要领也可以作为人力资源部门进行员工管理的六大目标，它们分别是：

1. 应使员工明白企业制定的目标，以确保其实现；

2. 应使企业中的每一位成员都了解其职责、职权范围，以及与他人的工作关系；

3. 定期检查员工的工作绩效及个人潜力，使员工个人得到成长和发展；

4. 协助并指导员工提高自身素质，以作为企业发展的基石；

5. 应有恰当及时的鼓励和奖赏，以提高员工的工作效率；

6. 使员工从工作中得到满足感。

读了上文后，请谈谈你对员工管理的看法。

第 15 课

公司内部会议——年终总结与展望

热身话题

● 你参加过总结大会吗？都有哪些人发言？

● 请你设想一下，如果由你来做主持人，你会怎么安排会议流程？

总结与展望的表达

工作总结：＊今年超额完成了原计划。

＊我们的利润再创新高。

＊我们的销售业绩节节攀升。

＊我们的产品在……市场供不应求。

＊今年的生产任务没有完成。

＊新产品的销量并不令人满意。

＊我想占用大家几分钟的时间回顾一下全年的工作。

展望未来：＊希望我们公司明年再创佳绩！

＊我相信在我们公司全体同仁的努力下，明年一定会实现预期目标！

＊在这么好的发展势头下，我们一定要乘胜追击，不断占领市场！

＊回顾昨天，我们有理由展望一个更美好的明天！

任 务

在华宇公司的年终总结大会上，总经理李响表扬了销售部的成绩，对销售部员工进行奖励，并请陈志平发言。最后李响总结一年的工作，展望明年的发展目标。请为李响和陈志平拟一段发言。

要 求

1. 今年销售部拓宽了市场，扩大了产品销量，为公司作出了很大贡献。陈志平的发言主要是表彰销售部员工的勤奋工作。

2. 设计对话时请根据身份不同选用适合的词语及表达方式。

相关背景资料

工作总结会

工作总结会议举行得成功与否，直接关系到任务目标的实现，关系到企业的可持续发展。一个有效的工作总结会议，不仅是一个分享、沟通和决策的会议，同时更是公司的"战略研讨会"。安排这类会议需要注意如下几点：

1. 流程正确。流程决定效率和结果。在总结工作成绩的同时，更要看到存在的问题、危机和同行企业的竞争；要关注发展目标的确立，更要寻找实现发展目标的创新途径和方法。

2. 目标清晰。除了总结成绩和表彰先进外，更应关注未来发展目标的实现，要对现有发展战略作必要的修正和调整。

3. 邀请合适的人参加。来自基层的员工对企业存在的问题有最直观和深入的了解和认识。此外企业发展目标的实现离不开供应商等合作伙伴的支持和配合，他们的参与将为企业带来很多意想不到的收获。

范 例

（华宇公司会议厅内）

李响：各位员工，紧张而忙碌的一年就要过去了，在即将迎来新年钟声的时候，我们共聚一堂，一起回忆过去的一年，展望即将到来的明天。过去的一年里，依靠各位齐心协力的勤奋工作，我们公司的利润再创新高，销售额节节攀升。这与全体员工的努力密不可分，其中最应当表扬的就是销售部的同仁们。让我们向他们献上最热烈的掌声！下面请销售部经理陈志平发言。

陈志平：各位领导、各位同仁，大家好！我们销售部的工作能够顺利进行，销售业绩能够不断攀升，与各部门同事的积极配合是分不开的。在此我先代表销售部全体员工对各位表示由衷的感谢！我们销售部是一个非常有凝聚力的团队，虽然人数不多，但是每个人都能独立撑起一片天。需要合作的时候，大家从不斤斤计较，为了公司的发展，每个人都任劳任怨，勤勤恳恳。为了开拓市场，我们每个人都频繁出差，自嘲为"空中飞人"，牺牲了不少休息时间。不过付出终有回报，看到今天的成绩，我们也感到很欣慰。最后感谢领导和各位对我们的鼓励，我们会再接再厉，争取更好的成绩！

李响：谢谢陈经理，也谢谢销售部的每一位员工。我个人认为我们公司的迅速发展与我们公司的团队文化是分不开的，大家心往一处想，劲儿往一处使，就没有攻不克的难关。我们公司是一家中外合资公司，员工来自好几个国家，不同的文化背景并没有成为影响我们发展的障碍，相反更为我们的公司增添了活力。我很高兴地看到我们的员工互相理解和包容，各部门密切配合，保证了公司的正常运转，更促进了我们公司不断提高。希望我们能继续发扬这个优点，坚定地按照我们的发展目标一步一个脚印向前进。我们已经拟订了明年的发展目标，就让我们共同努力，去迎接更加灿烂辉煌的一年吧！预祝大家新年快乐！希望各位接下来度过一个愉快的夜晚！谢谢！

范例话语分析

年终总结的话语策略

*感谢全体员工——过去的一年里，依靠各位齐心协力的勤奋工作，我们公司的利润再创新高，销售额节节攀升。这与全体员工的努力密不可分。

*对某一部门提出表扬——其中最应当表扬的就是销售部的同仁们。让我们向他们献上最热烈的掌声！

*对已有成绩的回顾——我个人认为我们公司的迅速发展与我们公司的团队文化是分不开的，大家心往一处想，劲儿往一处使，就没有攻不下的难关。

*对未来的展望——我们已经拟订了明年的发展目标，就让我们共同努力，去迎接更加灿烂辉煌的一年吧！

受表彰人发言策略

*对其他部门人员表示感谢——我们销售部的工作能够顺利进行，销售业绩能够不断攀升，与各部门同事的积极配合是分不开的。在此我先代表销售部全体员工对各位表示由衷的感谢！

*总结经验——我们销售部是一个非常有凝聚力的团队，虽然人数不多，但是每个人都能独立撑起一片天。需要合作的时候，大家从不斤斤计较，为了公司的发展，每个人都任劳任怨，勤勤恳恳。

*表达决心——最后感谢领导和各位对我们的鼓励，我们会再接再厉，争取更好的成绩！

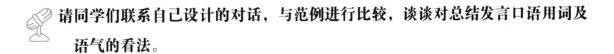 请同学们联系自己设计的对话，与范例进行比较，谈谈对总结发言口语用词及语气的看法。

📖 词汇

1.	同仁	tóngrén	名词	指同事或同行；也指和自己处境相同的人
2.	忙碌	mánglù	形容词	形容非常忙
3.	共聚一堂	gòngjù-yìtáng		（大家）都集合在一起
4.	展望	zhǎnwàng	动词	对发展前途进行预测
5.	齐心协力	qíxīn-xiélì		认识一致，共同努力
6.	攀升	pānshēng	动词	升高
7.	密不可分	mìbùkěfēn		关系紧密，不可分割
8.	由衷	yóuzhōng	动词	出自内心
9.	凝聚力	níngjùlì	名词	指群体成员之间为实现活动目标团结协作的程度
10.	斤斤计较	jīnjīn-jìjiào		指对无关紧要的事过分计较
11.	任劳任怨	rènláo-rènyuàn		做事不辞劳苦，不怕别人埋怨
12.	勤勤恳恳	qínqín-kěnkěn		形容勤劳踏实
13.	频繁	pínfán	副词	（做某事）次数很多
14.	自嘲	zìcháo	动词	自己嘲笑自己
15.	再接再厉	zàijiē-zàilì		一次又一次地加倍努力
16.	拟订	nǐdìng	动词	草拟
17.	灿烂	cànlàn	形容词	形容光芒非常耀眼
18.	辉煌	huīhuáng	形容词	光辉灿烂的；杰出的

练习

一、词汇练习

1. 用自己的话解释下列词语并造句

（1）齐心协力：

（2）节节攀升：

（3）密不可分：

（4）斤斤计较：

（5）任劳任怨：

（6）勤勤恳恳：

（7）再接再厉：

2. 在下列词语后的横线上填出适当的词

展望＿＿＿＿＿　　　由衷＿＿＿＿＿　　　拟订＿＿＿＿＿　　　频繁＿＿＿＿＿

二、句子练习

1. 请将下列词语组成句子

（1）一年　而　忙碌　的　紧张　要　过去　了　就

（2）有　我们　是　一个　非常　销售部　的　团队　凝聚力

（3）鼓励　感谢　各位　我们　的　和　领导　对　最后

（4）让　迎接　辉煌　共同　去　我们　更加　的　一年　努力　吧　灿烂

2. 请完成下列句子

（1）让我们一起回忆过去的一年，＿＿＿＿＿＿＿＿＿。

（2）我们销售部虽然人数不多，＿＿＿＿＿＿＿＿＿＿。

（3）不过付出终有回报，看到今天的成绩，＿＿＿＿＿＿＿＿＿＿。

（4）＿＿＿＿＿＿＿＿＿＿，争取更好的成绩！

三、范例理解

1. 请根据范例内容判断下列句子的正误

（　　）（1）李响对公司今年的业绩不太满意。

（　　）（2）李响认为销售部的功劳最大。

（　　）（3）李响给陈志平发了奖。

（　　）（4）陈志平代表销售部发言。

（　　）（5）李响认为公司明天发展会更好。

2. 根据本课内容思考并回答问题

（1）你对李响和陈志平的发言怎么看？

（2）假设你是一个公司的员工，如果让你代表所在部门发言，你会说些什么？

（3）你认为年终总结大会怎么开最有意义？

四、语篇练习

同学们两两分组，熟读范例，先由 A 方用自己的话将范例中的发言向 B 方讲述一遍；B 方听后，对听到的内容提出至少三个问题，请 A 方回答。然后再交换练习。小组练习后，老师进行抽查。

五、实战演练

年底，销售部开了一个年终总结会，会上经理陈志平表扬了每一位员工，并特别表扬了新来的外籍员工马丁，称赞他善于思考，长于交际，一举促成了公司与智利三家贸易公司的长期业务。请你为马丁设计一段发言，总结自己来华工作的感想和对未来的展望。

复习三

主持商务会议

实战演练

　　将本单元的商务主题做成纸条，请同学们按组选代表来抽取，然后进行准备。从每组中选出一位同学组成评委，每组分别按抽到的主题表演，最后由老师和全体评委一起点评，并选出优胜组（点评标准可参考下面的表格）。老师根据表现给每个学生第三单元的课堂表现评定成绩。

	内容符合	用词准确	语气适当	组员配合度	表演真实	优胜组
第一组						
第二组						
第三组						
第四组						
第五组						
……						

生词索引

操控	cāokòng	动词	第4课
畅销	chàngxiāo	形容词	第1课
超标	chāobiāo	动词	第10课
成就感	chéngjiùgǎn	名词	第14课
诚意	chéngyì	名词	第2课
冲击	chōngjī	动词	第12课
储存	chǔcún	动词	第10课
此消彼长	cǐxiāo-bǐzhǎng		第12课

D

搭档	dādàng	名词	第11课
大名鼎鼎	dàmíngdǐngdǐng		第3课
代劳	dàiláo	动词	第2课
导致	dǎozhì	动词	第10课
低迷	dīmí	形容词	第12课
底薪	dǐxīn	名词	第11课
典雅	diǎnyǎ	形容词	第5课
动向	dòngxiàng	名词	第7课

F

法人	fǎrén	名词	第9课
繁多	fánduō	形容词	第11课
反馈	fǎnkuì	动词	第6课
分歧	fēnqí	名词	第12课
分享	fēnxiǎng	动词	第12课
风险	fēngxiǎn	名词	第6课

G

感动	gǎndòng	动词	第2课

结交	jiéjiāo	动词	第 1 课
借鉴	jièjiàn	动词	第 6 课
斤斤计较	jīnjīn-jìjiào		第 15 课
进度	jìndù	名词	第 13 课
精美	jīngměi	形容词	第 5 课
景德镇	Jǐngdézhèn	专名	第 5 课
竞标	jìngbiāo	动词	第 7 课
救急	jiùjí	动词	第 13 课
捐赠	juānzèng	动词	第 8 课
菌落	jūnluò	名词	第 10 课
捐赠	juānzèng	动词	第 8 课
军训	jūnxùn	动词	第 14 课
菌落	jūnluò	名词	第 10 课

K

开端	kāiduān	名词	第 3 课
开门见山	kāimén jiànshān		第 12 课
可行性	kěxíngxìng	名词	第 13 课
苦于	kǔyú	动词	第 3 课
宽裕	kuānyù	形容词	第 7 课
款待	kuǎndài	动词	第 3 课
困扰	kùnrǎo	动词	第 11 课

L

栏目	lánmù	名词	第 12 课
老天爷	lǎotiānyé	名词	第 2 课
谅解	liàngjiě	动词	第 10 课
临时	línshí	副词	第 6 课

洽谈	qiàtán	动词	第1课
谦虚	qiānxū	形容词	第2课
签证	qiānzhèng	名词	第9课
前景	qiánjǐng	名词	第3课
潜力	qiánlì	名词	第4课
勤奋	qínfèn	形容词	第8课
勤勤恳恳	qínqín-kěnkěn		第15课
青花瓷	qīnghuācí		第5课
请示	qǐngshì	动词	第9课

R

绕道	ràodào	动词	第8课
热忱	rèchén	形容词	第1课
热门	rèmén	形容词	第7课
任劳任怨	rènláo-rènyuàn		第15课
融合	rónghé	动词	第6课
融洽	róngqià	形容词	第12课

S

善始善终	shànshǐ shànzhōng		第5课
申请	shēnqǐng	动词	第9课
省吃俭用	shěngchī-jiǎnyòng	熟语	第8课
实惠	shíhuì	形容词	第1课
适逢	shì féng		第10课
拭目以待	shìmùyǐdài		第2课
视频	shìpín	名词	第13课
试销	shìxiāo	动词	第6课
誓言	shìyán	名词	第8课

收获	shōuhuò	名词	第 5 课
首饰	shǒushì	名词	第 4 课
爽快	shuǎngkuài	形容词	第 6 课
速冻	sùdòng	动词	第 10 课
损失	sǔnshī	动词 / 名词	第 10 课
索赔	suǒpéi	动词	第 10 课
索性	suǒxìng	副词	第 14 课

T

抬头	táitóu	名词	第 9 课
提成	tíchéng	名词	第 11 课
提议	tíyì	动词	第 3 课
同仁	tóngrén	名词	第 15 课
推广	tuīguǎng	动词	第 1 课
推介	tuījiè	动词	第 1 课
拓展	tuòzhǎn	动词	第 14 课

W

外宾	wàibīn	名词	第 9 课
往返	wǎngfǎn	动词	第 9 课
维持	wéichí	动词	第 13 课
维修	wéixiū	动词	第 4 课
萎缩	wěisuō	动词	第 12 课
文案	wén'àn	名词	第 7 课
无形中	wúxíng zhōng		第 6 课

X

下属	xiàshǔ	名词	第 1 课
显示器	xiǎnshìqì	名词	第 13 课

消毒	xiāodú	动词	第 4 课
效率	xiàolù	名词	第 4 课
协调	xiétiáo	动词	第 14 课
辛勤	xīnqín	形容词	第 8 课
新颖	xīnyǐng	形容词	第 1 课
兴奋	xīngfèn	形容词	第 2 课
兴旺	xīngwàng	形容词	第 8 课
雪中送炭	xuězhōng-sòngtàn	成语	第 8 课
寻常	xúncháng	形容词	第 12 课

Y

言归正传	yánguīzhèngzhuàn		第 13 课
炎热	yánrè	形容词	第 10 课
仰慕	yǎngmù	动词	第 2 课
一言为定	yìyánwéidìng		第 6 课
迎宾	yíng bīn		第 2 课
迎战	yíngzhàn	动词	第 7 课
应聘	yìngpìn	动词	第 11 课
拥挤	yǒngyuǎ	形容词	第 11 课
由衷	yóuzhōng	动词	第 15 课
愚公移山	yúgōng-yíshān		第 14 课
寓教于乐	yùjiàoyúlè		第 14 课
预算	yùsuàn	名词	第 6 课
远道而来	yuǎndào'érlái		第 2 课

Z

再接再厉	zàijiē-zàilì		第 15 课
攒	zǎn	动词	第 8 课

责任编辑：韩　颖
封面设计：王薇薇
印刷监制：佟汉冬

图书在版编目（CIP）数据

商务口语流利说 / 辛玉彤编著.—北京：华语教学出版社, 2012
（商贸汉语系列教材）
ISBN 978-7-5138-0314-4

Ⅰ.①商… Ⅱ.①辛… Ⅲ.①商务－汉语－口语－对外汉语教学－教材 Ⅳ.①H195.4

中国版本图书馆CIP数据核字(2012)第191010号

商务口语流利说

辛玉彤　编著

©华语教学出版社有限责任公司
华语教学出版社有限责任公司出版
（中国北京百万庄大街24号　邮政编码100037）
电话: (86)10-68320585, 68997826
传真: (86)10-68997826, 68326333
网址: www.sinolingua.com.cn
电子信箱: hyjx@sinolingua.com.cn
新浪微博地址: http://weibo.com/sinolinguavip
北京市密兴印刷有限公司印刷
2013 年（16 开）第 1 版
2013 年第 1 版第 1 次印刷
ISBN 978-7-5138-0314-4
定价：49.00元